beck'sche reihe

bsr

Nie zuvor herrschte eine solche Unsicherheit wie heute hinsichtlich der Frage, welche Dinge als Kunst gelten dürfen und welche nicht. Verdutzt steht man oft im Museum und fragt sich: Sollte dies wirklich Kunst sein? Offenbar wird es von manchen dafür gehalten, sonst wäre es nicht dort, aber wir haben keine Ahnung, warum. Zur Beurteilung fehlt uns ganz einfach der Maßstab, ein Begriff davon, was Kunst ist. Dieses Buch stellt sechzehn verschiedene Theorien vor, die durch die Jahrhunderte der Frage nachgehen, was es mit der Kunst auf sich hat.

Michael Hauskeller, geb. 1964, lehrt Philosophie an der TU Darmstadt. Zu seinen Veröffentlichungen zählen u. a.: Whitehead zur Einführung, Hamburg 1994; (Hg.) Was das Schöne sei, 2. Aufl. München 1995; Atmosphären erleben, Berlin 1995; (Hg. mit Chr. Hauskeller) 34 Wege zur Philosophie, Hamburg 1996; Geschichte der Ethik: Antike, München 1997.

Michael Hauskeller

Was ist Kunst?

Positionen der Ästhetik von Platon bis Danto

VERLAG C. H. BECK

6. Auflage. 2002
Originalausgabe

Gesamtherstellung: Druckerei C. H. Beck, Nördlingen
Umschlagentwurf: +malsy, Bremen
Printed in Germany
ISBN 3 406 45999 4

www.beck.de

Inhalt

Vorwort

Die sechzehn nachfolgenden Essays erschienen erstmals von Juli 1997 bis Januar 1998 in der *Frankfurter Rundschau.* Initiator des Projekts war der Chef des Feuilletons Peter Iden, der sich im April 1997 mit dem Vorschlag an mich wandte, jeweils auf zwei Zeitungsspalten in allgemeinverständlicher Sprache und doch philosophisch anspruchsvoll die wichtigsten Positionen der Ästhetik von den Anfängen bis heute darzustellen. Die Idee erschien mir heikel, aber reizvoll, und ich sagte zu.

Das erste Problem bestand in der zu treffenden Auswahl. Es hat natürlich während der letzten zweieinhalb Jahrtausende weit mehr als sechzehn verschiedene Theorien über Kunst gegeben. Sie alle vorzustellen war nicht möglich, und sicher wird man den ein oder anderen Autor vermissen. Beabsichtigt war, wenigstens die einflußreichsten, interessantesten und repräsentativsten Kunsttheorien in die Reihe aufzunehmen und dabei einen Eindruck von der Vielfalt der Deutungsmöglichkeiten zu vermitteln. Doch hätte man zweifellos auch anders entscheiden können.

Ein weiteres Problem, aber auch eine Herausforderung, war die durch das Zeitungsmedium erforderte Knappheit der Darstellung verbunden mit dem Anspruch auf allgemeine Verständlichkeit. Die betreffenden Theorien sind meist derart komplex und beruhen auf so vielen Voraussetzungen, daß es beinahe unmöglich schien, ihnen auf wenigen Seiten auch nur annähernd gerecht zu werden. Unter solchen Bedingungen konnte es nur einen Weg geben, Oberflächlichkeit zu vermeiden: Jede philosophische Theorie besitzt einen Kern, einen Grundgedanken, den sie entfaltet. Wenn es gelingt, diesen Gedanken zu finden und zu verstehen, fügen sich mit einem Mal die verschiedenen Aspekte der Theorie zusammen. Ich habe mich also darum bemüht, diesen philosophischen Kern von seinen wortreichen Schalen zu befreien, um von dort aus das jeweilige Kunstverständnis begreiflich zu machen. Daß bei solcher Vorgehensweise manche Feinheiten des Denkens unberücksichtigt bleiben mußten, war nicht zu vermeiden. Daher sollte der Leser, wenn ihm eine in diesem Buch dargelegte Position etwa schlecht begründet oder gar völlig abwegig erscheint, sich stets daran erinnern, daß hieran auch die Darstellung schuld sein könnte, und, bevor er zur Verdammung schreitet, den Originaltext zu Rate ziehen.

Allerdings habe ich mich selbst weitgehend der Kritik enthalten, um die Objektivität der Darstellung nicht unnötig zu gefährden. Wer angemessen kritisieren will, muß zunächst verstehen, und das ist schwer genug.

1. Platon

„Wenn es etwas gibt, wofür zu leben lohnt, dann ist es die Betrachtung des Schönen."[1] – Kein Philosoph des Altertums hat der Schönheit eine solche Bedeutung beigemessen wie Platon (427–347 v. Chr.) und zugleich so entschieden das verurteilt, was später schöne Kunst genannt wurde. Dabei soll Platon seine Laufbahn selber als Tragödiendichter begonnen haben, und vielleicht hätte er es auf diesem Gebiet zu einigem Ruhm gebracht, hätte ihn nicht die Begegnung mit Sokrates dazu veranlaßt, seine dichterischen Bestrebungen aufzugeben und sich statt dessen der Suche nach Wahrheit zu widmen. Denn was immer es für ihn in der Kunst zu finden gab: Wahrheit gehörte nicht dazu.

Nicht daß die zeitgenössische Kunst es nicht verstanden hätte, Gestalten und Vorkommnisse der realen Welt mit bewundernswürdiger Genauigkeit wiederzugeben. Von dem Maler Zeuxis erzählte man sich, daß er einmal Weintrauben so realistisch gemalt habe, daß die Vögel in Scharen angeflogen kamen, um sie aufzupicken. Nur läßt sich nicht sagen, daß Zeuxis' Darstellung deshalb wahrer gewesen sei als eine, von der sich die Vögel nicht hätten täuschen lassen. Allenfalls war sie *richtiger*, denn Wahrheit hat nach Platon nichts mit Ähnlichkeit oder Übereinstimmung zu tun, sondern mit dem *Seinsgehalt* einer Sache. Das klingt zunächst merkwürdig, weil wir daran gewöhnt sind, „Sein" für etwas zu halten, das einer Sache entweder zukommt oder nicht zukommt: Entweder es gibt Zentauren oder es gibt sie nicht. Für Platon aber sind Dinge nicht einfach nur, sondern manches ist mehr, anderes weniger, und je mehr etwas ist, desto wahrer ist es auch. Im vollkommenen Sinne wahr ist nur das, was auch in höchstem Maße ist. Das aber kann nach gemeingriechischem Verständnis nur etwas gänzlich Unveränderliches und Unvergängliches sein, ein Immergleichseiendes. Da nun aber alles, was uns in dieser Welt begegnet, der Zeit unterworfen ist, scheint es nichts zu geben, das sich immer gleich bleibt, und nichts, das nicht irgendwann zugrundegeht. Kaum ist etwas, so ist es auch schon nicht mehr. Wenn den Dingen überhaupt eine gewisse Existenz zukommt, dann nur, weil jedes von ihnen ein ganz bestimmtes, wiedererkennbares Wesen besitzt, eine ihm eigentümliche Gestalt, ohne welche die Welt für uns statt aus Häusern, Stühlen, Menschen, Bäumen usw. nur aus einem buchstäblich unvorstellbaren Chaos sukzessiver Eindrücke bestünde. Diese Wesensgestalten sind aber, auch wenn sie in die zeitlichen Dinge eingehen, selber unzeitlich. Jeder einzelne Baum etwa kann und wird irgendwann zugrundegehen, aber das, was ihn allererst zu einem Baum macht, seine Baumhaftigkeit, wird in einem anderen Baum weiterleben. Selbst wenn es eines Tages überhaupt keine Bäume mehr geben sollte, wird deren Wesen – das, was Platon die *Idee des Baumes* nennen würde – weiterhin bestehen, weil es von dem Untergang der Einzeldinge überhaupt nicht betroffen wird. Das hat nichts damit zu tun, daß Bäume auch dann noch vom Menschen *gedacht* werden könnten. Ideen sind für Platon keine bloßen Vorstellungsinhalte, sondern vielmehr so etwas wie die ewigen Urbilder alles Seienden, ohne die es die uns bekannte, sinnlich erfahrbare Welt gar nicht gäbe. Sie sind der feste Formenbestand, aus dem sich diese Welt generiert; sie bringen Ordnung in die ständigen Veränderungen und gewährleisten so eine gewisse Konstanz. Vor allem aber sind sie das, was allein in vollem Sinne wirklich und wahr ist.

Wie steht es nun unter solchen Voraussetzungen mit dem Wahrheitsgehalt der Kunst? Platon unterscheidet zwei Arten von Künstlern: erstens solche, die schöpferisch etwas herstellen wie etwa die Baumeister, Tischler und Wagenbauer, und zweitens solche, die sich auf die Darstellung oder Nachahmung (*mímesis*) des bereits Bestehenden beschränken wie etwa die Maler, Bildhauer und Dichter.[2] Erstere stehen der Wahrheit näher als letztere. Während jene nämlich immerhin noch die Ideen, die sie in ihrem Geist vorfinden, unmittelbar in einen einzelnen, konkreten Gegenstand umsetzen, schaffen diese bloß ein Abbild solcher Gegenstände. Sie sind „Nachahmer" des sichtbar Gegebenen. Wenn der Zimmermann einen Stuhl herstellt, orientiert er sich an der Idee des Stuhles; wenn der Maler hingegen mit Hilfe seiner Farben einen Stuhl herstellt, so schaut er schon nicht mehr auf die Idee, sondern auf das Werk des Zimmermanns: er schafft so ein Bild zweiter Ordnung, gewissermaßen das Bild eines Bildes, weil er nicht mehr das Seiende nachbildet, sondern nur noch das Erscheinende. Der Maler entfernt sich so um noch eine weitere Stufe von der Wahrheit. Daran ändert sich auch nichts, wenn er statt eines vom Menschen gemachten Gegenstandes irgendeinen Naturgegenstand abbildet, da auch dieser nur wechselhafte Erscheinung ist und somit nicht das eigentlich Seiende, die Idee. Um zur Wahrheit zu gelangen, muß man *alle* Erscheinung hinter sich lassen und darf nicht, wie es der nachahmende Künstler tut, die Erscheinung durch eine Art Spiegelung noch verdoppeln. Mehr als das kann der Künstler aber nicht tun, da die Idee zwar intellektuell geschaut werden kann, aber sich aufgrund ihrer wesentlichen Allgemeinheit nicht sinnlich darstellen läßt. Die nachahmende Kunst kann somit niemals mehr sein als gleichsam „der Schatten eines Traums".

Nicht einmal die unbestreitbare Tatsache, daß ihre Werke *schön* sind, kann die Kunst für sich geltend machen, obwohl Platon keineswegs der Meinung war, daß die Schönheit – die er als Maß, Proportion und Harmonie verstand – gering zu achten sei.[3] Im Gegenteil ist es gerade die Erfahrung von Schönheit, die einen Menschen nach der ewigen Wahrheit der Ideen streben läßt. Denn in allen Erscheinungen ist es allein die Schönheit, die unsere Liebe erweckt. Was immer wir liebend begehren, erscheint uns als etwas Schönes. Wäre die uns sinnlich begegnende Welt gänzlich ohne Schönheit, ließe sie uns gleichgültig. Entsprechendes gilt für die ewigen Wahrheiten: wären die Ideen frei von Schönheit, gäbe es keinen Anlaß, sie erkennen zu wollen. Die Schönheit der sinnlichen Welt ist freilich nur ein schwacher Abglanz der ewigen Schönheit, jener Idee, an der alle schönen Dinge teilhaben. Dieses „Schöne selbst" nimmt unter den Ideen eine Sonderstellung ein, weil es mit seinem Glanz in die sinnlich erfahrbare Welt hinüberstrahlt und auf diese Weise eine Brücke bildet zwischen dem Reich der Erscheinung und dem der Ideen. Denn mehr als alles andere weist das erscheinende Schöne über sich hinaus: es ist das „Hervorscheinendste",[4] weil es dem Menschen am deutlichsten die Herrlichkeit der urbildlichen Wahrheit zu Bewußtsein bringt und so in ihm eine starke Sehnsucht danach erweckt. Das sinnliche Schöne zieht an, kann und soll dabei aber zugleich als ungenügend in Erscheinung treten, nämlich als Abbild einer höheren Schönheit, die anzuschauen noch herrlicher zu sein verspricht. Denn schöner als die Schönheit der Körper ist die Schönheit der Seelen, noch schöner sind Gerechtigkeit, Besonnenheit und die übrigen Tugenden, durch welche die Seelen erst schön werden, und noch schöner ist die klare Erkenntnis all dessen, die Schau der Urbilder jener Tugenden. Am schönsten aber ist die Idee des Schönen selbst, die mit der Idee des Guten zusammenfällt und laut Platon die höchste Wahrheit darstellt.[5] So sind das Schöne, Wahre und Gute letztlich ein und dasselbe.

Der hohe Rang, den Platon der Schönheit zuerkennt, ändert allerdings nichts an seiner Geringschätzung der nachahmenden Künste. Grund hierfür ist die Ambivalenz der sinnlichen Schönheit, die zwar die Sehnsucht nach Höherem, den Eros der Wahrheit, erwecken *kann*, dies aber keineswegs muß, da sie viele Menschen auch unmittelbar zu befriedigen und ihr Begehren zu stillen vermag. Wie die Schönheit wirkt, hängt sehr davon ab, auf wen sie wirkt. Ein und derselbe schöne Körper kann beim einen scheue Bewunderung und damit die Bereitschaft zur reflexiven Betrachtung erregen, während er beim anderen bloß ungezügelte Gier entfacht. Doch sind auch die schönen Gegenstände nicht alle gleich. Manche fördern eher die Hinwendung zu einer höheren Schönheit, andere hingegen reizen eher die körperlichen Begierden. Ein saftiger Braten lädt (den Nichtvegetarier) zur Einverleibung ein, kaum aber zur Kontemplation und Überschreitung des nur Sinnlichen. Der Kunst wirft Platon vor, daß sie gerade dieser Tendenz, im Sinnlich-Körperlichen zu verharren, zuarbeitet. Zunächst beschränkt sie sich weitgehend auf die Produktion schöner Töne, Farben und Gestalten und erweckt so den Eindruck, als sei diese rein sinnliche Schönheit die eigentliche und als gäbe es nichts Höheres. In der Kunst erhält das Sinnliche und seine Schönheit einen Rang, der ihm nicht zusteht. Darüber hinaus ist es zumeist das Ziel der Kunst, die Sinne und Leidenschaften des Betrachters oder Zuhörers zu erregen, und das heißt, die Herrschaft der Vernunft zu unterwandern und so die rechte Ordnung der Seele zu zerstören. Da in dieser Ordnung aber die *Schönheit* der Seele besteht, vernichtet die Kunst paradoxerweise gerade durch ihre übergroße Schönheit eine andere, höhere Schönheit. Wenn die Kunst überhaupt irgendeine Berechtigung haben soll, muß sie sich in den Dienst des Guten stellen lassen. Das heißt, sie muß, wenn sie schon nicht die Wahrheit der Ideen darzustellen vermag, wenigstens eine erzieherische, seelenbildnerische Funktion übernehmen. Nur einer Kunst, die die Menschen lehrt, ihre Leidenschaften zu kontrollieren, tugendhaft zu leben und der Wahrheit nachzustreben, kommt ein gewisser Wert zu. Denn letztlich gibt es für den Menschen nur eine einzige Kunst, derer er wirklich bedarf, und das ist die Kunst des rechten Lebens, so daß alles, was nicht zum Erlernen dieser Kunst beiträgt, überflüssig oder gar verderblich ist.

2. Aristoteles

Weil die Kunst den Betrachter von der Wahrheit ablenke, gestand ihr Platon, seiner eigenen unverkennbaren dichterischen Begabung zum Trotz, nur wenig Wert zu. Doch ließ der Widerspruch nicht lange auf sich warten. Schon Platons eigenwilliger Schüler Aristoteles (384–322 v. Chr.) entwickelte die erste systematische Literaturtheorie und legte damit den Grund für ein reflektiertes künstlerisches Selbstbewußtsein. Zwar äußerte sich Aristoteles vornehmlich zur Dichtung, und da vor allem zur Tragödie, doch lassen sich viele seiner Überlegungen unschwer auf die übrigen Künste übertragen.[6]

Wie Platon versteht auch Aristoteles die künstlerische Tätigkeit als Darstellung oder Nachahmung (*mímesis*), doch erhält der Begriff bei ihm eine positive Bedeutung. Ermöglicht wird dies zunächst durch die Preisgabe des platonischen Wahrheitsidealismus. Die sinnlich-gegenständliche Welt gilt Aristoteles nicht mehr als flüchtiges und daher seinsvermindertes Abbild einer von ihr getrennten, eigenständigen Ideenwelt. Vielmehr existieren die Ideen, das heißt die Formen der Wirklichkeit, nunmehr allein *in* der Wirklichkeit, haben also keinerlei transzendente Realität. Ebensowenig wie es einen ungeformten Stoff gibt, gibt es vom Stoff getrennte Formen. Alles, was ist, ist eine Einheit von Stoff und Form, die sich nur gedanklich, nicht aber real zergliedern läßt. Daher macht es auch keinen Sinn zu sagen, die Erscheinungswelt habe weniger Sein als die Formen und ahme diese nur in unvollkommener Weise nach. Platons Vorwurf, der Künstler schaffe nur Abbilder einer bloßen Scheinwirklichkeit, wird damit hinfällig. Dies gilt um so mehr, als der Gegenstand der künstlerischen Nachahmung gar nicht, wie Platon meinte, die erscheinende Realität selbst ist, also etwas tatsächlich in Raum und Zeit Existierendes. Aufgabe des Dichters ist es nämlich nicht, „mitzuteilen, was wirklich geschehen ist, sondern vielmehr, was geschehen könnte".[7] Auch wenn es scheinbar einzelne Begebenheiten um ganz bestimmte, mit Namen bezeichnete Personen sind, die der Künstler zur Darstellung bringt – etwa der legendäre Krieg zwischen Griechen und Trojanern –, kommt es ihm doch gar nicht darauf an zu zeigen, daß ein gewisser Odysseus oder ein gewisser Achill dies oder jenes getan habe, sondern daß Menschen einer bestimmten Art in Situationen bestimmter Art auf bestimmte Weise handeln. Anders als den Geschichtsschreiber interessiert ihn also nicht das Besondere als solches, sondern das Allgemeine, das im Besonderen zum Ausdruck kommt, oder mit einem Wort: das Typische. Aus der Fülle der Erscheinungen filtert er die wiederkehrenden Muster heraus, erkennt im Zufälligen das Wesentliche und bringt dieses zur Darstellung. Daher ist die Dichtung auch bei weitem philosophischer, das heißt der überzeitlichen Wahrheit näher, als die sich am Einzelnen orientierende Geschichtsschreibung.

Um dieser Wahrheit willen besitzt der Künstler auch eine gewisse Freiheit in der Bearbeitung seiner Stoffe, das heißt, er muß sich auch in der Darstellung geschichtlicher Ereignisse nicht unbedingt an das halten, was tatsächlich geschehen ist. Wenn es für seine Zwecke notwendig ist, kann der Dichter die Ereignisse in seinem Sinne umschreiben. Ebenso kann der Maler auch Dinge abbilden, die es so in der Realität gar nicht gibt – sofern er durch diese Unrichtigkeit die von ihm erstrebte Wirkung leichter erzielt. Selbst wenn er sich der Unrichtigkeit in seiner Darstellung gar nicht bewußt sein sollte, ist sein Irrtum doch verzeihlich, solange er nicht die Regeln seiner Kunst verletzt. Unentschuldbar sind lediglich genuin ästhetische Fehler, das heißt solche, die sich nicht einem Mangel an Faktenwissen, sondern an gestalterischem Können verdanken. Allerdings sollte sich der Künstler schon bemühen, die Dinge so darzustellen, wie sie sind. Wenn es aber der Zweck verlangt, darf er selbst vor der Darstellung des Unmöglichen nicht zurückschrecken, denn das Unmögliche kann ästhetisch durchaus richtig, ja notwendig sein. Entscheidendes Kriterium ist hier nicht die (objektive) Möglichkeit, sondern die (subjektive) Glaubwürdigkeit. In der Kunst ist darum das Wahrscheinliche, auch wenn es unmöglich ist, grundsätzlich dem Möglichen, aber Unwahrscheinlichen, vorzuziehen.

Diese Ausführungen machen deutlich, daß sich für Aristoteles der Wert eines Kunstwerks nicht allein an seinem inneren Wahrheitsgehalt bemißt, sondern auch an seiner Wirkung auf den Betrachter. Ob ein Kunstwerk gut ist, hängt also nicht zuletzt auch davon ab, ob es funktioniert. Wenigstens für die Tragödie (und die Musik) hat Aristoteles die zu erzielenden Wirkungen auch näher benannt: die Tragödie rufe nämlich „Mitleid" und „Furcht" hervor und bewirke dadurch eine mit Lust verbundene „Reinigung" (*kátharsis*) von diesen Affekten.[8] Mit dieser These stellt sich Aristoteles erneut gegen Platon, dem ja die Kunst, gerade *weil* sie solche Gefühle erregt, als verderblich galt. Platon glaubte, der Zuschauer werde durch die in der Tragödie dargestellten Leidenschaften dazu ermuntert, sich den eigenen Leidenschaften hinzugeben, anstatt, wie es doch richtig wäre, sich ausschließlich von der Vernunft leiten zu lassen. Daß eine sittlich gute Lebensführung die weitestmögliche Unterdrückung aller affektiven Regungen voraussetzt, war für Platon noch selbstverständlich. Anders für Aristoteles. Seines Erachtens kann eine starke Erregung am rechten Ort zur rechten Zeit sehr wohl moralischen Wert haben und insofern auch mit der Vernunft übereinstimmen. Wer etwa beim Anblick eines Unrechts keinen Zorn verspürt, beweist dadurch geradezu die Minderwertigkeit seines Charakters. Darüber hinaus ist der Mangel an Zorn in diesem Fall auch unvernünftig, weil hier nur der Zorn als *angemessene* Reaktion gelten kann. Ziel der moralischen Erziehung darf es daher nicht sein, den Menschen gänzlich von seinen affektiven Regungen zu befreien. Vielmehr muß eine Art innerer Steuerungsmechanismus geschaffen werden, der so wirkt, daß ein bestimmtes Gefühl nur dann erregt wird, wenn es die Situation erfordert. Offenbar ist Aristoteles der Auffassung, daß auch die Kunst hierzu einen wichtigen Beitrag zu leisten vermag, wenn er der Tragödie die Aufgabe zuweist, beim Zuschauer Mitleid und Furcht zu erregen.

Wie das im einzelnen vonstatten gehen soll, verrät uns Aristoteles in den erhaltenen Schriften allerdings nicht. Unklar ist bereits, welche Affekte eigentlich gemeint sind. Die lange übliche (Lessingsche) Übersetzung „Mitleid und Furcht" ist ja schon eine Interpretation, und heute werden oft weniger objektbezogene Ausdrücke wie *Jammer* und *Schauder* bevorzugt. Aristoteles erklärt lediglich, daß sich das eine (Mitleid bzw. Jammer) bei der Darstellung unverdienten Leidens einstelle, das andere hingegen (Furcht bzw. Schauder) dadurch, daß der Zuschauer sich mit den Personen identifiziere. Um beides zu gewährleisten, dürften die Protagonisten weder ganz schlecht noch völlig ohne Tadel sein, weil sie sonst dem durchschnittlichen Zuschauer zu unähnlich wären und infolgedessen ihr Schicksal keinen der beiden Affekte erregen würde. Auch würde der Schlechte ja kein „Mitleid“ verdienen, wie einer, der sich überhaupt nichts zuschulden hat kommen lassen, nicht die Strafe. Die Figuren der Tragödie müssen dem Zuschauer ähnlich, zugleich aber auch besser sein als er. Die Fehler, die notwendig vom Helden begangen werden müssen, um seinem Leiden eine gewisse Rechtfertigung zu verleihen, dürfen die Größe seines Charakters nicht beeinträchtigen. Ödipus fällt aus eigener Schuld, aber er bleibt ein großer König. Werden diese und andere Bedingungen beachtet, kommt es zu den gewünschten Affekten.

Nun ist mit der Erregung der Affekte das eigentliche Ziel aber noch nicht erreicht, denn worauf es ankommt, ist ja nicht die Erregung selbst, sondern die durch die Erregung zu erlangende *Reinigung*. Der Begriff läßt vermuten, daß der Zuschauer sich durch seine Erregung von einem gewissen Affektüberschuß befreien soll. Vielleicht liegt hier die Vorstellung zugrunde, daß sich die Affekte, wenn sie ständig unterdrückt werden, aufstauen, bis sie irgendwann gewaltsam hervorbrechen. Schafft man ihnen hingegen die Gelegenheit, sich von Zeit zu Zeit zu entladen, lassen sie sich im übrigen Leben viel leichter in die rechten Bahnen lenken. Die Kunst würde so gleichsam als Ablaßventil der Affekte fungieren. Eine andere Deutungsmöglichkeit wäre, den Kunstgenuß als eine Art Training im rechten Umgang mit den Affekten zu verstehen. In jedem Fall aber beruht die Wirkung der Kunst darauf, daß sie die Wirklichkeit *nachahmt* und dadurch den *Schein der Nähe* erzeugt. Nur weil sie Nähe suggeriert, kann die Kunst Affekte erregen, und nur weil sie die Scheinbarkeit dieser Nähe nicht verbirgt, sondern als lustvolles Spiel inszeniert, kann sie zugleich eine reinigende Wirkung entfalten. Mit anderen Worten hängt die

Wirkung der Kunst davon ab, daß zwischen das Geschehen und den Betrachter die Darstellung tritt und so der Ernst stets als nur gespielter bewußt bleibt.

Freilich ist die darstellende Kunst für Aristoteles alles andere als ein Spiel, das man genauso gut auch lassen könnte und das keine ernsthafte Beschäftigung lohnt. Vielmehr gehört die nachahmende Tätigkeit ebenso sehr zum Wesen des Menschen wie die Vernunft. Kein Tier ist in solchem Maße zur Darstellung befähigt wie der Mensch. Von Geburt an treibt es ihn zur Nachahmung. Ihr verdankt er seine ersten Erkenntnisse, und da jeder Mensch sich am Erkennen freut, empfindet er stets eine lebhafte Freude an Nachahmungen jeglicher Art. Selbst das Häßliche und Schlechte erhält in der Darstellung einen eigentümlichen Reiz. Es ist, als würde durch die Darstellung das Anstößige der Wirklichkeit verschwinden. Daher wäre es gar nicht nötig, die Nützlichkeit der Kunst zu erweisen. Zu ihrer Rechtfertigung würde es schon genügen, daß sie Freude bereitet und auf diese Weise zum menschlichen Glück beiträgt.

3. Mittelalter

„Und vollends, welche Worte möchte finden, wer versuchen wollte, das Wesen an sich eines Sonnenstrahls zu beschreiben! Denn das Licht stammt vom Guten und ist ein Bild der Güte. Und so wird das Gute auch mit dem Namen ‚Licht' gepriesen."[9] Das Werk, dem diese Zeilen entnommen sind, entstand vermutlich gegen Ende des 5. Jahrhunderts. Als sein Verfasser galt lange Zeit – zu Unrecht, wie sich später herausstellen sollte – ein in der Apostelgeschichte genannter athenischer Ratsherr namens Dionysios. Der wahre Autor ist unbekannt, aber seine der Erkenntnis des Göttlichen gewidmete, halbmystische Schrift über *Die Namen Gottes* wurde maßgeblich für die mittelalterliche Ästhetik. In immer neuen Wendungen vergleicht Pseudo-Dionysios Aeropagita, wie man ihn heute nennt, das von Gott kommende Gute mit dem Sonnenlicht, das alles Lebendige erleuchtet, erschafft, belebt, zusammenhält und vollendet. Wie die Sonne verströmt auch Gott sein Licht in die Welt, gibt den Dingen Gestalt und Leben und läßt sie so am Guten teilhaben. Aus der Zerstreuung und Vereinzelung ruft er die Welt zur Einheit zurück und wird darum, wie das Licht, von allen empfindenden Wesen begehrt und geliebt. Darum wird Gott zurecht nicht nur gut, sondern auch schön genannt, und zwar im eigentlichsten Sinne, denn alle Schönheit dieser Welt ist nur ein Abglanz der göttlichen, der einzigen wahren und vollkommenen Schönheit. Die göttliche Schönheit ist das Licht, das die Welt erhellt, und damit die Quelle und das Urbild alles Schönen.

Der pseudo-dionysische Vergleich des göttlichen Wirkens mit der Erscheinung des Lichts führte im Mittelalter zu einer besonderen Wertschätzung des sichtbaren Lichts in all seinen Formen.[10] Gott selbst war nicht sichtbar, aber im Bereich des sinnlich Erfahrbaren gab es doch etwas, das seinem Wesen ähnlich war: das Licht. Als schön galt nun alles, was den Lichtcharakter in besonderem Maße zum Ausdruck brachte, alles Helle, Bunte und Leuchtende, glänzende Materialien und strahlende Farben. Aber auch wohlproportionierte, harmonisch gegliederte Gestalten wurden als lichthaft verstanden: sie fielen ins Auge, weil sie gegenüber der formgebenden Macht des Lichts aufnahmebereit waren. So entdeckte das Mittelalter im Licht die sinnliche Schönheit der Welt, die vor Augen zu führen zu den Aufgaben der Kunst gehören sollte. Unter Kunst *(ars)* verstand man allerdings im wesentlichen die Herstellung und Gestaltung von Gebrauchsgegenständen. Kunst war Handwerk, und Handwerk Kunst, was unter anderem dazu beitrug, daß ein Gegenstand niemals unter rein ästhetischen Gesichtspunkten beurteilt wurde – das heißt unter alleiniger Berücksichtigung seiner Erscheinungsqualität –, sondern immer auch in Bezug auf seinen Zweck. So konnte selbst Glas, das im Mittelalter erwartungsgemäß wegen seiner Lichtdurchlässigkeit eine ausgesprochen hohe Wertschätzung genoß, für häßlich gelten, wenn es zweckwidrig verwendet wurde. Obwohl Glas rein als Stoff genommen zweifellos weit schöner als Eisen ist, ist eine gläserne Säge doch längst nicht so schön wie eine eiserne, da niemand mit einer Säge aus Glas etwas anfangen kann.

Trotz dieser Einschränkung blieb der Blick für den Glanz der Erscheinung ungetrübt: Glas *war* für sich betrachtet eben doch schöner als Eisen, und ebenso alle anderen lichtvollen Materialien. Allerdings galt die Freude daran weniger dem Sinnlich-Stofflichen selbst als vielmehr dem, was sich in ihm bemerkbar machte. In der Fülle der schönen Dinge erblickte man die Spur des Göttlichen. Die sichtbare Schönheit ließ die Schönheit Gottes erahnen, war zugleich deren Abglanz und Vorschein, und sie verwies auf Gott als ihren Urheber, als den Schöpfer einer ihrem Wesen nach guten Welt. Dieser Verweisungscharakter wird in der Lichthaftigkeit des Schönen immer mitgedacht. „Dieser Stein oder auch dieses Holz ist mir ein Licht", schreibt im 9. Jahrhundert Johannes Scotus Eriugena[11] und meint damit, daß jeder schöne Gegenstand den Betrachter sehend macht, indem er eine höhere Wirklichkeit ins Licht setzt. Schön zu sein, bedeutet etwas zu beleuchten oder offenbar zu machen, nämlich das ordnungsstiftende Wirken Gottes. Jedes schöne Ding zeigt sich als von Ordnung durchwaltet, als etwas, das Einheit und Differenz in harmonischer Weise in sich vereinigt, einen ganz bestimmten Ort einnimmt, ganz bestimmte Eigenschaften besitzt und seine Grenzen nicht überschreitet. Die Welt wird verstanden als ein einziges großes Licht, zusammengesetzt aus vielen Lampen, in deren Schein sich das Göttliche zeigt. Dem ganzen Mittelalter gilt die sichtbare Schönheit als ein Bild der unsichtbaren.

Entsprechend war es nicht nur die Aufgabe der Kunst, sinnliche Schönheit ins Licht zu setzen, sondern, was weit schwieriger zu bewerkstelligen war, dabei auch das Wirken des Unsichtbaren im Sichtbaren deutlich hervorzuheben und derart die Spuren Gottes in der Welt nachzuzeichnen. Das zu lösende Problem bestand darin, etwas ins Bild zu setzen, was sich seinem Wesen nach nicht ins Bild setzen läßt. Die Kunst soll das Höchste zur Darstellung bringen, doch wie soll sie das bewerkstelligen, wenn das Höchste schlechterdings nicht darstellbar ist? Gott läßt sich ja weder beschreiben noch abbilden, da jeder Bestimmungsversuch an der schieren Größe und Unermeßlichkeit Gottes scheitern muß. Die Kunst soll das Unsichtbare sichtbar machen, was unmöglich scheint, denn was immer sie sichtbar macht, ist dann – als Sichtbares – schon nicht mehr das Unsichtbare. Um ihre Aufgabe zu bewältigen, muß es ihr gelingen, sichtbare Wirklichkeit nachzuahmen und zugleich deutlich zu machen, daß ihr wahrer Gegenstand ein im Nachgeahmten nur angedeutetes und von ihm wesenhaft Verschiedenes ist. So erklärt sich der ausgeprägte Hang mittelalterlicher Kunst zu Formen uneigentlicher Darstellung, namentlich zum Symbol und zur Allegorie.

Es ist gewiß eine heikle Gratwanderung, die der Kunst hier abverlangt wurde, und es brauchte seine Zeit, bis sie ihren Weg sicher zu gehen wußte. Nach dem Untergang des Weströmischen Reiches entfaltete sich die Kunst im Osten zunächst vor allem in der opulenten Gestaltung der byzantinischen Kirchenbauten. Man schwelgte in lichtdurchwirkten Materialien wie Gold, Edelsteinen und bemaltem Marmor und wollte all diese sinnliche Pracht als Vorschein des Himmelreiches verstanden und empfunden wissen. Es leuchtete ja auch ein, daß die Schönheit des Ortes so groß wie nur möglich sein mußte, wenn doch alles darin von der Herrlichkeit Gottes künden sollte. Immer wieder gab es aber unter den christlichen Klerikern auch solche, die gerade in der übergroßen Schönheit eine Gefahr für den Glauben sahen und deshalb eine Rückkehr zu größerer Schlichtheit forderten. Denn je prächtiger die sinnlich-materielle Welt in Szene gesetzt wurde, desto schwieriger mochte es sein, sie um einer angeblich größeren, aber nicht so greifbaren Schönheit willen zu verachten. Was eigentlich dazu gedacht war, die Liebe zu Gott zu fördern, konnte genauso gut die gegenteilige Wirkung haben und die Begierde nach weltlichen Gütern noch verstärken. Auch die byzantinische Ikonenmalerei blieb aus ähnlichen Gründen nicht unumstritten. Die Abbildungen Christi und der Heiligen galten als vollkommenste Verkörperungen des Unsichtbaren im Bereich der sichtbaren Welt, und man gab sich alle Mühe, durch Abstraktion von der organischen Form des Körpers die übernatürliche, transmaterielle Bedeutung des Dargestellten vor Augen zu führen. Doch die bewußte Schematisierung und Geometrisierung der menschlichen Gestalt konnte nicht verhindern, daß der Kunst immer wieder vorgeworfen wurde, Götzendienst zu betreiben. Vor allem in gebildeten Kreisen fanden viele, daß das alttestamentarische Bilderverbot durchaus seine Berechtigung habe. Im 8. und 9. Jahrhundert kam es deshalb wiederholt zu heftigen Auseinandersetzungen zwischen Befürwortern und Gegnern, denen eine große Zahl von Kunstwerken zum Opfer fiel. Der Streit endete schließlich mit einer Niederlage der Bilderstürmer. Schon weil die Masse der Gläubigen von einem bloß gedachten Gott überfordert war, durfte aus Rücksicht auf die Volksfrömmigkeit auf bildliche Darstellungen des Göttlichen nicht völlig verzichtet werden. Die in Frage gestellte Angemessenheit der künstlerischen Darstellung wurde nun durch die Behauptung gerechtfertigt, daß im Bild das Göttliche nicht einfach nur nachgeahmt werde, sondern tatsächlich *anwesend* sei. Das Bild ist als eine echte Offenbarung Gottes zu verstehen, weil es sich direkt von ihm herleitet. Es ist ein vom Urbild gezeugtes Abbild, etwas, das gleichsam aus ihm herausfließt, so daß ein Teil Gottes in der Ikone ist oder die Ikone ein Teil Gottes.

Im 12. Jahrhundert begann man im Westen, das Verhältnis von Licht und Stoff anders zu betrachten. Während sich in den düsteren romanischen Kirchen das Licht nur mühsam gegen die Steinmassen hatte behaupten können (und so die drohende Finsternis nicht in Vergessenheit geraten ließ), trug in den nun entstehenden gotischen Kathedralen das Licht einen triumphalen Sieg davon. Alles darin strebte zur Auflösung des Stofflichen und damit zur Erhebung des Geistes zum Göttlichen. Hans Sedlmayr brachte das auf die Formel: „Luminismus plus Wunsch nach Schau".[12] Die Kathedrale wurde, wie vorher die byzantinischen Kirchen, aber ohne deren Materialismus, zum Symbol des Himmelreiches. Licht und Farbe lösten sich mehr und mehr vom stofflichen Gegenstand; zugleich gelangten die antiken Schönheitskriterien Symmetrie, Ordnung und Proportion zu neuem Ansehen. Dreierlei erfordert die Schönheit, sagt nun Thomas von Aquin stellvertretend für die gesamte mittelalterliche Ästhetik: erstens Unversehrtheit oder Vollendung, zweitens ein passendes Maßverhältnis oder Übereinstimmung und drittens schließlich Klarheit bzw. strahlende Farbe.

4. Renaissance

Während des gesamten Mittelalters hatte die Kunst im Dienst der Religion gestanden. Ihre Aufgabe war es, die Gestalten und Begebenheiten der irdischen Welt als Chiffren des Göttlichen lesbar zu machen. Hierfür eine geeignete Formensprache zu entwickeln mochte mit Schwierigkeiten verbunden gewesen sein, aber niemand kam deshalb auf den Gedanken, daß zur Anwendung dieser Sprache eine besondere individuelle Begabung nötig sein könnte. Die bildende Kunst war ein Handwerk, das im Prinzip jeder erlernen konnte und das zumeist gemeinschaftlich betrieben wurde. Entsprechend wurde um den Künstler selbst kein großes Aufhebens gemacht: als bloßes Werkzeug, dessen sich Gott zu seiner Offenbarung bediente, blieb er in der Regel anonym. Das änderte sich erst im 15. Jahrhundert, als es der italienischen Kunst gelang, sich vom Gängelband der Religion zu befreien. Mit wachsendem Selbstbewußtsein wandte man sich der ganzen Fülle der natürlichen Erscheinungen zu und bemühte sich um ihre getreue Abbildung. Wurden die sichtbaren Dinge bis dahin stets als Zeichen für eine unsichtbare, überzeitliche Wirklichkeit angeschaut und gewürdigt, durften sie nun ausschließlich für sich selbst sprechen. Die Malerei nahm sich vor, die Welt so zur Darstellung zu bringen, wie sie sich dem Blick zeigte: in immer neuen, niemals sich wiederholenden Gestalten, unterworfen dem Wechselspiel von Licht und Schatten und dem unendlichen Nuancenreichtum der Farben und Perspektiven.[13]

Daß allein die Erfahrung, und zwar die sinnliche Erfahrung, der Kunst zur Lehrmeisterin dienen dürfe, wurde immer wieder betont, unter anderem von Leon Battista Alberti (1404–1472) und Leonardo da Vinci (1452–1519), den vielseitigsten Talenten dieser Zeit.[14] Man hörte auf, die sichtbare, in ständiger Veränderung begriffene Welt als bloßen Schein zu verstehen, der bestenfalls Hinweise auf das eigentlich und wahrhaft Seiende enthielt und es schlimmstenfalls lügnerisch verstellte. Was das Auge sieht, ist alles andere als nur die Oberfläche der Welt. Es ist die Wirklichkeit selbst, und nicht etwa eine chaotische, haltlos dahinfließende, sondern eine geordnete, harmonisch gegliederte Wirklichkeit. Wenn man nur genau genug hinschaute, ließ sich in den natürlichen Gegenständen, insbesondere in den lebendigen Körpern, eine bis ins Kleinste gehende, mathematisch analysierbare Zusammenstimmung der Teile erblicken. Auf dieser zwar nicht immer vollkommenen, aber doch stets vorhandenen Zusammenstimmung *(concinnita)* beruht die Schönheit der Welt. Sie ist am größten, wenn wirklich alles in idealer Weise zusammenpaßt und es kein Zuviel und kein Zuwenig gibt, keinen Überfluß und keinen Mangel. Etwas als schön wahrzunehmen heißt, die sich in der Erscheinung offenbarenden Strukturgesetze zu erkennen. Ob ein Ding schön ist oder nicht, hängt also nicht von den persönlichen Vorlieben des Betrachters ab, sondern von seiner objektiven Beschaffenheit. Das Schöne nicht zu sehen beweist nicht so sehr einen Mangel an Geschmack als vielmehr einen Mangel an Erkenntnisfähigkeit.

Daß die Erfahrung der Kunst zur *Lehrmeisterin* dienen soll, muß hier ganz wörtlich verstanden werden: vermittelt durch die Erfahrung lernt der Künstler das den Erscheinungen zugrundeliegende Gesetz begreifen.

Um einen beliebigen Gegenstand so darstellen zu können, wie es ihm entspricht, ist eine klare Erkenntnis seines Wesens nötig. Andernfalls wird die Darstellung allzu leicht mißlingen. Ein Maler etwa, der nur nach dem Auge malt, bleibt immer darauf angewiesen, daß sich ihm sein Gegenstand auch tatsächlich so zeigt, wie er ihn zu zeigen beabsichtigt. Was er nur von vorne kennt, kann er nicht von hinten malen, und umgekehrt. Wer hingegen weiß, *warum* sich ein Gegenstand einmal auf diese Weise, dann wieder auf andere Weise zeigt, kann ihn auch dann richtig wiedergeben, wenn er seinen Gegenstand nicht vor sich hat. Deshalb bedarf es zur angemessenen Darstellung eines menschlichen Körpers unbedingt anatomischer Kenntnisse. Wo diese fehlen, werden die dargestellten Figuren, wie Leonardo ironisch bemerkt, „eher einem Sack voll Nüsse als einem menschlichen Äußeren (...) oder eher einem Bündel Rettiche als muskulösen nackten Körpern gleichen".[15] Die Kunst wird so ihrem Selbstverständnis nach zur angewandten Wissenschaft.

Dies gilt in besonderer Weise für die vollkommenste aller Künste: die Malerei. Anders als der Bildhauer muß der Maler nicht nur die Gesetze kennen, die in der äußeren Erscheinung insbesondere lebendiger Körper wirksam werden, sondern auch die, nach denen ein Mensch jene Erscheinung *wahrnimmt*. Eine Plastik hat verschiedene Seiten, ein Bild nicht. Es zeigt immer nur *eine* Ansicht der Dinge und legt damit den Standort des Betrachters fest. Dieser Standort muß in der Darstellung berücksichtigt werden, das heißt alle Gegenstände sollten so gezeigt werden, wie sie einem Beobachter von einem bestimmten Punkt aus erscheinen würden. Und sie erscheinen immer anders, je nach Wahl des Standortes, kleiner oder größer, dünner oder breiter, heller oder dunkler, jedoch keineswegs willkürlich, sondern im Gegenteil strengen Gesetzen folgend. Um die Erforschung jener Gesetze des Erscheinens war es der Malerei in dieser Zeit so sehr zu tun, daß sie geradezu als *Wissen um die Perspektive* definiert werden konnte. Das war etwas Neues, denn die mittelalterliche Kunst hatte der tatsächlichen Erscheinungsweise der Dinge wenig Aufmerksamkeit gewidmet. Ob etwas im Bild groß oder klein dargestellt wurde, hing in der Regel nicht von seiner verhältnismäßigen Nähe oder Ferne ab, sondern von seiner absoluten, religiös-metaphysischen Bedeutung.

Die Künstler der Renaissance aber waren nicht mehr an dieser Bedeutung interessiert, sondern daran, die Gesetzmäßigkeit der Erscheinungen zu erfassen und in ihrem Werk nachzuvollziehen. Sie wollten die Natur nachahmen, aber nicht in der Weise, daß sie sie blind kopierten, sondern so, daß sie sie sich zum Vorbild nahmen, ebenso wie diese schöpferisch tätig wurden, gleichsam als eine zweite Natur wirkend, indem sie die Ordnungsprinzipien der Natur zugleich offenbar machten und selber anwendeten. Wenn etwa der Baumeister seine Gebäude nach der Natur bildet, dann nicht, indem er sie wie Naturgegenstände aussehen läßt, sondern indem er die (natürlichen) Gesetze der Statik beachtet und mindestens dieselbe Ausgewogenheit der Proportionen anstrebt, wie sie in der Natur zu beobachten ist. Ein Haus soll wie ein belebter Organismus sein, *quasi come uno animale*. In abgewandelter Form gilt dies für alle Künste, denn Übereinstimmung und Proportion gibt es nicht nur zwischen Körpern und ihren Teilen, sondern auch zwischen Farben und Formen, zwischen Tönen, ja sogar zwischen Zeiten und Orten. Für alles, was es in der Welt gibt, existiert mindestens eine vollkommene Gestalt (die übrigens mit der Perspektive wechseln kann). Welche dies ist, läßt sich allerdings nicht apriori, allein durch die

Vernunft, sondern nur durch die Erfahrung, das heißt die genaue Beobachtung der Natur und ihrer Gesetze, bestimmen. Sie zu finden und im Werk darzustellen ist immer das höchste Ziel der künstlerischen Tätigkeit. Die vollkommene Gestalt ist gefunden, wenn das sie darstellende Werk eine organische Geschlossenheit aufweist, das heißt als ein harmonisches Beziehungsgefüge in Erscheinung tritt, dem nichts hinzugefügt oder weggenommen werden kann, ohne dadurch seine Harmonie zu zerstören.

Der Künstler wiederholt also nicht etwa nur, was bereits da ist, sondern setzt den Schöpfungsprozeß auf höherer, geistig reflektierter Ebene fort. In Leonardos Worten ist der Künstler „Erfinder und Dolmetscher zwischen Natur und Mensch",[16] wobei das eine so wichtig ist wie das andere. Im Erkennen des Vorhandenen schafft er Neues, im Schaffen des Neuen erkennt er das Wesentliche. Welterkenntnis und Schöpfermacht vereinigen sich in der künstlerisch bildenden Tätigkeit, die so zur höchsten Tätigkeit des Menschen wird. Der Mensch entdeckt in sich eine Gestaltungskraft, welche die der Natur noch übertrifft: was die Natur begonnen hat, aber nicht in jedem Fall ganz verwirklichen konnte, führt der Künstler zur Vollendung. Die Natur ist schön, aber schöner noch ist die menschliche Kunst, weil sie frei angewandte Erkenntnis ist, nämlich des gesetzmäßigen Wesens der Natur, das sie rein und unverstellt zur Darstellung bringt. So geht die Quasi-Göttlichkeit, die im Mittelalter allenfalls dem Kunstwerk zugesprochen wurde, nun auf den Künstler über. Ein Symptom dieses neu erwachten Selbstbewußtseins ist es, daß der weltschaffende Gott nun zum Künstler und die Welt zu seinem Gedicht erklärt wird. Entsprechend wird der weltnachschaffende Künstler, der seinem Werk den Stempel seines Geistes aufzudrücken weiß, zu einer Art Gott unter den Menschen, ohne daß sein Ruhm die übrige Menschheit herabsetzen würde. Im Gegenteil hebt er sie mit sich empor, denn was er tut, geschieht zum höheren Ruhme des Menschen, der in ihm seinen eigentlichen Repräsentanten findet. Die Kunst zeigt, wozu der Mensch fähig ist, und begründet damit seine einzigartige Würde.

5. Immanuel Kant

Seit Aristoteles galt die Kunst stets als ein regelgeleitetes Tun. Dieses Verständnis radikalisierend, lehrte die im 17. Jahrhundert herrschende klassizistische Ästhetik, daß es zur Erzeugung von Schönheit genüge, bestimmte, genau benennbare Regeln zu befolgen. Als schön galt das Vernünftige und als vernünftig alles, was sich begrifflich konstruieren und rekonstruieren ließ. Wer immer das betreffende Regelwerk kannte, hatte also im Prinzip alles, was er zum Künstlerhandwerk benötigte. Diese extreme Ansicht prägte insbesondere das französische und (durch die Vermittlung Gottscheds) deutsche Kunstverständnis bis etwa zur Mitte des 18. Jahrhunderts. Danach setzte sich der englische Einfluß durch. Angeregt durch du Bos' 1719 erschienene *Kritische Reflektionen über die Poesie und die Malerei* hatte sich in England eine Ästhetik des Gefühls (Shaftesbury, Hutcheson, Burke) entwikkelt, die sich gegen die klassizistische Rationalisierung der Kunst zur Wehr setzte. Ob eine Sache schön war oder nicht, ließ sich danach nicht durch eine Untersuchung ihrer Regelgemäßheit entscheiden. Schön ist nur das, was auch als schön *empfunden* wird, so wie jeder Gegenstand, der so empfunden wird, auch tatsächlich schön ist, ganz unabhängig davon, wie er objektiv beschaffen sein mag. David Hume schloß daraus, daß die Empfindung von Schönheit letztlich nichts anderes sei als die Empfindung der eigenen Lust bei der Betrachtung eines Gegenstandes. Das Schöne war somit mit dem nur subjektiv bestimmbaren *Angenehmen* identisch.

Daß diese zwei konträren Positionen (deren Gegensatz im unterschiedlichen Erscheinungsbild französischer und englischer Gärten klar zutage tritt) *beide* das Wesen des Ästhetischen verfehlten, war die bahnbrechende Einsicht Immanuel Kants (1724–1804).[17] Ihm zufolge ließ sich die Schönheit weder an irgendwelchen Bestimmungen des Gegenstandes festmachen und begrifflich fassen, noch konnte etwas schon deshalb für schön gelten, weil es irgendjemandem oder auch allen Lust bereitete. Zwar ist es auch für Kant allein das unmittelbar empfundene Gefühl der Lust, das ein Urteil über die Schönheit eines Gegenstandes zu rechtfertigen vermag, aber das spezifisch ästhetische Wohlgefallen, die Lust am Schönen, ist von ganz eigener Art und darf nicht mit dem Wohlgefallen am *Guten* einerseits oder dem Wohlgefallen am *Angenehmen* andererseits verwechselt werden.

Was immer uns als *gut* gefällt, muß begrifflich bestimmt sein, das heißt, wir müssen wissen, mit was für einer Art von Gegenstand (oder Handlungsakt) wir es zu tun haben, weil wir sonst überhaupt nicht beurteilen könnten, ob er unseren Zwecken dient oder nicht. Denn gut heißt nur das, was sich auf einen vorgegebenen Zweck beziehen läßt. Nicht gut, sondern *angenehm* nennen wir hingegen, was ohne jede Vermittlung der Vernunft bloß den Sinnen in der Empfindung gefällt. Eine Mahlzeit kann zugleich angenehm und schlecht sein (und umgekehrt), indem sie uns zwar geschmacklich behagt, aber unserer Gesundheit schadet. Während sich Schaden oder Nutzen für die Gesundheit nur durch vernünftige Überlegung und unter Kenntnis der Gegenstandsbeschaffenheit ermitteln lassen, besitzt die Geschmackswertung unmittelbare sinnliche Evidenz und bleibt daher für alle Vernunftgründe taub. So läßt sich niemand durch Aufzählung der Zutaten (seien sie auch noch so gesundheitsfördernd) davon überzeugen, daß ihm das daraus zusammengesetzte Gericht zu schmecken habe. Entweder es schmeckt, oder es schmeckt nicht. Dasselbe gilt nun auch für die Beurteilung der *Schönheit* eines Gegenstandes, weshalb das ästhetische Urteil in Anerkennung seiner Unabhängigkeit von der Vernunft auch zurecht *Geschmacksurteil* genannt wird. Denn selbst wenn man mir beweist, daß etwas in jeder Hinsicht den allgemein anerkannten Regeln entspricht, daß beispielsweise bestimmte mathematische Gesetzmäßigkeiten – oder was auch immer man der Schönheit sonst objektiv zugrundelegen will – aufs genaueste befolgt wurden, werde ich mich doch hierdurch nicht überreden lassen, es schön zu finden. Der subjektivistisch orientierten englischen Ästhetik ist also insofern recht zu geben, als das sich im Wohlgefallen äußernde (ästhetische) Geschmacksurteil ebenso wie die Lust an sinnlichen Reizen autonom ist. Allerdings gibt es auch entscheidende, von den Engländern übersehene Unterschiede. Das Wohlgefallen am Schönen setzt nämlich anders als das Vergnügen am Angenehmen und auch die Wertschätzung des Guten keinerlei *Interesse* auf seiten des Urteilenden voraus. Angenehm ist immer nur die Befriedigung eines leiblichsinnlichen Bedürfnisses: sobald das Begehren gestillt ist, ist es auch mit der Lust vorbei. Ebenso endet auch die Wertschätzung einer Sache, wenn der sie bedingende Zweck entfällt: verliere ich das Interesse an meiner Gesundheit, kann mir die Zusammensetzung meiner Nahrung gleichgültig sein. Allein die Freude am Schönen beruht nicht auf irgendeinem Interesse, ist also ein von allen privaten Bestimmungsgründen *freies* Wohlgefallen.

Gerade wegen dieser Voraussetzungslosigkeit kann aber das Geschmacksurteil den Anspruch erheben, allgemein gültig zu sein. Wenn ich mich an einem heißen

Bad erfreue, verlange ich nicht von anderen, daß sie meine Empfindungen teilen, weil ich einsehen kann, daß die Annehmlichkeit des Bades sehr viel mit meiner augenblicklichen Verfassung zu tun hat. Wenn ich hingegen urteile, daß etwas schön sei, sehe ich in Ermangelung jedes persönlichen Interesses keinen Grund, warum die betreffende Sache nicht jedem anderen genauso schön erscheinen sollte wie mir selbst. Ich erwarte und fordere daher, daß alle anderen meinem Urteil zustimmen, und zwar ohne daß ich diese Forderung durch irgendeine Eigenschaft des beurteilten Gegenstandes beweiskräftig begründen könnte. Das Schöne ist niemals nur für mich schön, und doch gibt es keinen Begriff, dem ich es unterordnen könnte, um dem anderen so seine Zustimmung abzutrotzen. Daß die Zustimmung dennoch zurecht gefordert wird, begründet sich für Kant daraus, daß das Geschmacksurteil sich nicht auf das rein private Gefühl der Lust stützt, sondern umgekehrt der Lust zugrundeliegt. Denn auch wenn sich der als schön empfundene Anschauungsgegenstand nicht in das Begriffsraster des Verstandes einfügen läßt (und daher keine Erkenntnis des Gegenstandes erlaubt), vermittelt er doch den Eindruck von Gesetz- und Zweckmäßigkeit, ohne daß sich je sagen ließe, um was für ein Gesetz oder Zweck es sich handelt. Schönheit entsteht aus einem „freien Spiel der Erkenntniskräfte",[18] wenn sich nämlich die das Anschauungsmaterial bereitstellende Einbildungskraft dem Joch des gesetzgebenden Verstandes (mangels begrifflicher Bestimmtheit) entzieht und ihm doch, indem sie der allgemeinen Form des Gesetzes von sich aus Genüge tut, ohne Zwang gleichsam auf halbem Wege entgegengeht. Da dieses Verhältnis für jedes erkennende Wesen dasselbe ist, kann das Geschmacksurteil zwar fehlgehen, nicht aber von nur eingeschränkter Gültigkeit sein.

Nun ist, was für die *Beurteilung* des Schönen der Geschmack, für seine *Hervorbringung* das Genie. *Genie* „ist das Talent, welches der Kunst die Regel gibt".[19] Schöne Kunst ist nur als Produkt des Genies möglich, da es aus den oben genannten Gründen eine Wissenschaft des Schönen nicht geben kann und somit auch keinen Regelfundus, den man sich nur anzueignen brauchte, um als Künstler zu reüssieren. Andernfalls ließe sich beweisen, was schön ist und was nicht. Das heißt nicht, daß der Künstler sein Werk völlig regellos hervorbringt, sondern lediglich, daß er sich nicht an *vorgegebenen* Regeln orientiert. Jeder echte, also geniale Künstler schafft sich selbst die Regeln, die er braucht, um seine Zwecke zu erreichen. Er ist damit zugleich originell und exemplarisch (mustergültig), weil er sich zwar keiner Vorschrift verpflichtet weiß, sein Werk aber durchaus neue Maßstäbe setzt, indem es die Beurteilungskriterien verändert. Bloße Originalität ohne Mustergültigkeit verkäme zum Manierismus, bloße Mustergültigkeit ohne Originalität zur Nachäfferei. Mit anderen Worten, es muß sich zwar aus dem Werk eine Regel extrahieren lassen, sie darf ihm aber keinesfalls zugrundeliegen. Wie die Natur gerade dann schön ist, wenn sie wie Kunst aussieht (dabei aber als Natur erkennbar bleibt), muß die Kunst wie Natur aussehen (und zugleich als Kunst erkennbar bleiben). Die Natur ist schön, wenn sie so wirkt, als sei sie *absichtlich* in dieser Weise geschaffen worden, die Kunst hingegen, wenn sie scheinbar *absichtslos* daherkommt, also so, daß man ihr keine Schulform und keinen Regelzwang ansieht.

Nicht etwa, daß das Genie darin bestünde, die angewandten Regeln so geschickt zu verbergen, daß sie dem Betrachter nicht ins Auge fallen. Der geniale Künstler läßt sich ja in seiner Arbeit nicht durch den Verstand leiten und vermag daher selbst gar nicht anzugeben, welche Regeln in ihr wirksam werden: es gibt kein Rezept für sein Tun, weil er ihm keine Begriffe zugrundelegt, sondern vielmehr das, was Kant *ästhetische Ideen* nennt. Eine ästhetische Idee ist eine Anschauung, die sich niemals in adäquater Weise einem Begriff zuordnen läßt und daher nur dargestellt, aber nicht diskursiv fixiert werden kann. Jede ästhetische Idee ist eine „inexponible Vorstellung der Einbildungskraft",[20] die ein unabsehbares und in seinen Grenzen unbestimmtes Feld verwandter Vorstellungen öffnet und dadurch das Gemüt belebt, und niemand, nicht einmal der Künstler, kann sagen, wie und aus welchen Gründen sich solche Ideen in seinem Kopf hervor- und zusammenfinden. So ist auch das Vermögen ästhetischer Ideen das eigentliche Kennzeichen des Genies.

6. Friedrich Schiller

1794, fünf Jahre nach Ausbruch der Französischen Revolution, begann Friedrich Schiller (1759–1805) mit der Niederschrift seiner Abhandlung *Über die ästhetische Erziehung des Menschen in einer Reihe von Briefen.*[21] Zu dieser Zeit waren die Hoffnungen, die viele ursprünglich in die Revolution gesetzt hatten, bereits der Rohheit der entfesselten Massen und dem gnadenlosen Besserungswillen Robbespierres und Saint-Justs zum Opfer gefallen. Obwohl es gelungen war, das verhaßte absolutistische Regime mitsamt seinen Repräsentanten beiseite zu fegen, war es deswegen doch nicht zu einer gerechteren, auf Freiheit und Gleichheit ihrer Mitglieder gegründeten Gesellschaftsordnung gekommen, sondern nur zu einem allein durch nackte Gewalt gerade noch bezähmbaren Chaos.

Anders als manche Zeitgenossen zog Schiller aus diesen Erfahrungen nicht den Schluß, daß jeder Versuch einer Änderung der politischen Verhältnisse die bestehenden Übel nur vergrößern könne. In seinen Augen hatte sich das französische Volk mit vollem Recht gegen einen auf bloßer Macht beruhenden, sich lediglich dem Werk blinder Kräfte verdankenden und daher Autorität nur anmaßenden Naturstaat empört. Allerdings war durch das desaströse Scheitern der politisch-ethischen Ideale offenbar geworden, daß sich der Naturstaat nicht einfach abschaffen und umstandslos durch einen sittlich geläuterten Vernunftstaat ersetzen läßt. Will man vermeiden, daß um der Würde des Menschen willen seine Existenz in

Gefahr gerät, muß der Übergang vermittelt werden. Es bedarf eines Zwischenschritts, um die (nach Kant moralitätsstiftenden) Grundsätze der Vernunft für die Menschen, die nach ihnen leben sollen, annehmbar zu machen, derart daß jeder das, was er von Vernunft wegen tun *soll*, auch tatsächlich tun *will*. Andernfalls bleibt der Staat und sein Gesetz dem Individuum fremd, und es wird sich ihm stets nur widerwillig fügen. Da der Mensch nicht nur denkt, sondern auch fühlt, und sich in *beidem* sein Menschsein beweist, kann seine Vervollkommnung nicht darin bestehen, seinen natürlichen Empfindungen durch moralische Gesetze Ketten anzulegen. Ebensowenig wie das Gefühl die Vernunft darf die Vernunft das Gefühl beherrschen, vielmehr müssen beide, indem Pflicht und Neigung zusammenstimmen, gleichermaßen zu ihrem Recht kommen. Ein Mensch, der allein nach seinem Gefühl und ohne jede Grundsätze handelt, ist ein „Wilder"; ein Mensch aber, der nur nach Grundsätzen lebt und auf seine Gefühle keine Rücksicht nimmt, ist ein „Barbar".[22] Schiller ahnte bereits die Schrecken, welche von einer Herrschaft der reinen Vernunft zu erwarten waren: die *Dialektik der Aufklärung* war ihm nur zu bewußt. Für ihn lag die Bestimmung des Menschen daher nicht in der einseitigen Ausbildung seiner rationalen Fähigkeiten, sondern in der Harmonisierung und damit gegenseitigen Freisetzung von Gefühl und Vernunft.

Vom Staat ist mindestens zu verlangen, daß er seine Bürger nicht an der Verwirklichung ihres Menschseins hindert. So darf er nicht, um die Einheit des Ganzen zu sichern, die Mannigfaltigkeit individueller Bestrebungen unterdrücken. Der Staat „soll nicht bloß den objektiven und generischen, er soll auch den subjektiven und spezifischen Charakter in den Individuen ehren und, indem er das unsichtbare Reich der Sitten ausbreitet, das Reich der Erscheinung nicht entvölkern."[23] Eine solche geglückte Beziehung zwischen Staat und Individuum ist aber nur dann möglich, wenn die Aufklärung von vornherein nicht nur die Köpfe, sondern auch die Herzen ergreift, denn der Verstand sieht selten etwas ein, was in der Empfindung keinen Widerhall findet, und sieht er es doch ein, kann sein Einsehen im Leben nicht wirksam werden, solange das Gefühl seine Zustimmung verweigert. Wie aber sollte es gelingen, die Wahrheiten der Vernunft in den Gefühlen der Menschen zu verankern?

Durch die schöne Kunst, lautet Schillers Antwort, denn obwohl die Kunst die Menschen nicht unmittelbar zu bessern vermag, kann sie ihnen doch die *Möglichkeit* zum Guten zurückgeben, indem sie das Notwendige und Ewige in einen Gegenstand ihrer Triebe verwandelt. „Ihre Maximen wirst du umsonst bestimmen, ihre Taten umsonst verdammen, aber an ihrem Müßiggang kannst du deine bildende Hand versuchen. Verjage die Willkür, die Frivolität, die Rohigkeit aus ihren Vergnügungen, so wirst du sie unvermerkt auch aus ihren Handlungen, endlich aus ihren Gesinnungen verbannen. Wo du sie findest, umgib sie mit edeln, mit großen, mit geistreichen Formen, schließe sie ringsum mit den Symbolen des Vortrefflichen ein, bis der Schein die Wirklichkeit und die Kunst die Natur überwindet."[24]

Zwei einander entgegengesetzte Grundtriebe wirken im Menschen, der sinnliche oder *Stofftrieb*, der eine Mannigfaltigkeit von immer neuen Erfahrungszuständen erstrebt, und der *Formtrieb*, dem es um die Einheit der Gestalt und damit die Wahrung personaler Identität zu tun ist. Durch den empfangenden Stofftrieb wird mir eine *Welt*, durch den gestaltenden Formtrieb wird es *meine* Welt. Ein ideales, in der Praxis wohl niemals ganz erreichbares Verhältnis zwischen den Trieben besteht dann, wenn keiner von beiden in die Wirkungssphäre des jeweils anderen eingreift, so daß die Welt mit all ihren Erscheinungen, in ihrer ganzen sinnlichen Fülle, aufgenommen werden kann, ohne daß sich dabei die Persönlichkeit als formende Kraft gleichsam an die Welt verliert. Ein Höchstmaß an Freiheit paart sich so mit einem Höchstmaß an Dasein, und in eben dieser Verbindung, wenn sie sich denn erreichen ließe, käme die Idee der Menschheit zur Wirklichkeit.

Nun läßt sich in der Erfahrung, nämlich im Erleben von Kunst, tatsächlich ein solches ideales Verhältnis zwischen Stoff- und Formtrieb, zwischen Sinnlichkeit und Vernunft, nachweisen. Die Kunst wird so, indem sie dem Menschen den Zustand seiner Vollendung vor Augen führt, zu einem „Symbol seiner ausgeführten Bestimmung",[25] das heißt sie zeigt ihm unmittelbar, was er werden könnte, wenn es nur gelänge, jenes Verhältnis auf Dauer zu stellen. Diese Erfahrung erregt einen neuen Trieb in ihm, den Schiller *Spieltrieb* nennt. Der Spieltrieb geht aus der Verbindung beider Grundtriebe hervor und strebt danach, „so zu empfangen, wie er selbst hervorgebracht hätte, und so hervorzubringen, wie der Sinn zu empfangen trachtet."[26] Erst wenn dies erreicht ist, erfährt sich der Mensch als frei. Solange nämlich der (empfangende) Stofftrieb über den (hervorbringenden) Formtrieb die Oberhand behält, fühlen wir uns physisch, im entgegengesetzten Fall aber moralisch genötigt. Wenn wir etwa von einem Menschen nicht lassen können, obwohl wir wissen, daß wir ihn eigentlich verachten sollten, fühlen wir uns von der Natur bezwungen; fordert er uns jedoch Achtung ab, obwohl wir ihn nicht leiden mögen, von der Vernunft. „Sobald er aber zugleich unsre Neigung interessiert und unsre Achtung sich erworben, so verschwindet sowohl der Zwang der Empfindung als der Zwang der Vernunft, und wir fangen an zu lieben, d.h. zugleich mit unsrer Neigung und mit unsrer Achtung zu spielen."[27]

Bewußt wählt Schiller (in Anlehnung an Kant) den Begriff *Spiel*, um ihn dem unbedingten *Ernst* der beiden Grundtriebe entgegenzusetzen. Sowohl dem Stofftrieb als auch dem Formtrieb ist es stets ernst mit ihren Forderungen: der eine verlangt nach Wirklichkeit und Leben, der andere nach Vernunftnotwendigkeit und Würde. Alles Wirkliche aber verliert seinen Ernst und wird klein, wenn es mit den Augen der Vernunft betrachtet wird, wie auch die Gebote der Vernunft den ihren verlieren und leicht werden, wenn sie mit der Empfindung zusammenstimmen. Erst das Spiel macht den Menschen vollständig. Darum spielt der Mensch nur, „wo er in voller Bedeutung des Worts Mensch ist, und er ist nur da ganz Mensch, wo er spielt."[28] Das spielerische Verhältnis ist die Eigentümlichkeit des *ästhetischen* Zustandes. Im physischen Zustand erleiden wir die Macht der Natur, im moralischen beherrschen wir sie; im ästhetischen aber *entledigen* wir uns dieser Macht und werden frei. Indem sich sinnliche und geistige Spannung gegenseitig aufheben, entsteht ein Raum realer und aktiver Bestimmbarkeit, der uns zum Meister unserer leidenden und tätigen Kräfte macht und uns so erneut *alle* Handlungsmöglichkeiten erschließt. Die so gewonnene Gleichmütigkeit und Freiheit des Geistes ist ein untrügliches Kennzeichen des echten Kunstwerks. Daher kann es weder eine schöne *leidenschaftliche* noch eine schöne *lehrende* Kunst geben, denn unwillkürlich erregte Affekte vertragen sich ebenso wenig mit jener Freiheit des Gemüts wie die Vorgabe einer bestimmten Handlungstendenz. Im ästhetischen Spiel erhebt sich der Mensch über die Wirklichkeit, indem er sich seine eigene Wirklichkeit schafft. Darum zeugt nichts so sehr von innerer wie äußerer Freiheit wie die Freude am schönen Schein.

Allein diese Freude aber, glaubt Schiller, kann den Boden für eine Gesellschaft bereiten, in der die Freiheit des einzelnen nicht mehr von der Einschränkung fremder Freiheiten abhängt, die vielmehr in Gestalt eines freien Bundes den Willen des Ganzen durch die ihrer eigenen schönen Natur bewußten Individuen vollziehen läßt. „Mitten in dem furchtbaren Reich der Kräfte und mitten in dem heiligen Reich der Gesetze baut der ästhetische Bildungstrieb unvermerkt an einem dritten, fröhlichen Reiche des Spiels und des Scheins, worin er dem Menschen die Fesseln aller Verhältnisse abnimmt und ihn von allem, was Zwang heißt, sowohl im Physischen als im Moralischen entbindet."[29] So führt der einzige Weg zur Freiheit, auch zur politischen, über die Schönheit.

7. Arthur Schopenhauer

Es ist leicht, über Kunst zu reden, aber schwer, ihre Eigenart präzise zu fassen. Einer, der den Versuch nicht gescheut hat, ist Arthur Schopenhauer (1788–1860). In seinem bereits 1819 erschienenen opus magnum, *Die Welt als Wille und Vorstellung*, definiert er die Kunst schlicht als „die Betrachtungsart der Dinge unabhängig vom Satze des Grundes".[30] Aber was ist damit gemeint?

Ganz allgemein besagt der Satz vom Grund, daß es für alles einen zureichenden Grund gibt, warum es ist, wie es ist. So hat jeder Vorgang eine Ursache, jede Handlung ein Motiv. Eine Ausnahme scheint es nicht zu geben. Anders gesagt, nichts ist einfach für sich da, sondern jede Erscheinung der wirklichen Welt ist in mehrfacher Hinsicht mit anderen Erscheinungen verzahnt, so daß die Dinge ineinander ihren Grund haben. Die Welt, in der wir unser Leben, wahrnehmend und handelnd, zubringen, ist bevölkert von einzelnen Dingen, die in ihrer Existenz ebenso gesondert oder individuell sind wie wir selbst und sowohl untereinander als auch mit uns durch eindeutig bestimmbare, räumliche, zeitliche und kausale Beziehungen verbunden sind. Wenn wir uns umschauen, erblicken wir verschiedene Gegenstände, einen Tisch etwa, einen Stuhl, ein Regal oder was auch immer. Für sie alle gilt, daß es nicht irgendwelche, sondern genau *diese* Gegenstände sind, was bedeutet, daß sie eine ganz bestimmte innere und äußere Beschaffenheit haben, sich an einem ganz bestimmten Ort in bestimmten Abständen zu anderen Gegenständen befinden und eine je eigene, nur ihnen selbst zugehörige Vergangenheit und Zukunft haben. Und dafür, daß sie gerade jetzt gerade hier sind und überhaupt in jeder Weise so sind, wie sie sind, gibt es stets einen zureichenden Grund.

Nun hatte sich schon Kant dafür ausgesprochen, Raum, Zeit und Kausalität, da sie offenbar jede nur erdenkliche Erfahrung begleiten, nicht für Eigenschaften der Dinge selbst zu nehmen, sondern vielmehr für Ordnungsprinzipien unserer Erkenntnisvermögen, Prinzipien, mit deren Hilfe wir die Welt gliedern und unserem Verstehen zugänglich machen. So zeigen sich uns die Dinge nicht etwa, wie sie an sich selbst sind, sondern nur als Erscheinungen, das heißt so, wie eben *wir* sie zu sehen vermögen, in räumlicher und zeitlicher Begrenzung und den Kausalgesetzen unterworfen. Wie die Welt aber *an sich* ist, können wir nicht ergründen. Wir wissen nur, daß sie *anders* sein muß, als sie uns erscheint. Diese These einer grundlegenden Differenz zwischen „Ding an sich" und Erscheinung greift nun Schopenhauer auf und modifiziert sie in zweierlei Hinsicht. Zum ersten glaubt er, jenes Ding an sich, also die der Erkenntnis entzogene Welt hinter der Erscheinung, näher bestimmen zu können, nämlich als *Wille*. Da wir uns selbst nicht nur als Körper, sondern auch als Wille erleben, der sich im Körper gegenständlich repräsentiert, und diese Erfahrung der *einzige* Schlüssel zum inneren Wesen der Erscheinungen ist, den wir besitzen, sind wir berechtigt, auch alle übrigen Erscheinungen als Vergegenständlichungen eines solchen Willens – oder besser: *des* Willens, denn es kann nur einen geben – zu begreifen.

Die andere bedeutsame Änderung, die Schopenhauer gegenüber Kant vornimmt, ist die Aufgliederung des Erscheinungsbereichs in zwei Ebenen. Die eine ist die der *gewöhnlichen* Betrachtungsweise, die uns die Welt, wie oben geschildert, als ein Gefüge aufeinander einwirkender Dinge erleben läßt. Die zweite Ebene, die bei Kant nicht vorkommt, ist die der reinen Objektivität. Sie wird erreicht, wenn die in der Erscheinung gegebenen Dinge losgelöst von den *spezifischen* Formen der Vorstellung, also Raum, Zeit und Kausalität, betrachtet werden, so daß nur noch das übrig bleibt, was Schopenhauer in Anlehnung an Platon ihre *Idee* nennt. Diese Betrachtungsart der Dinge ist die *ästhetische*. Sie ist „unabhängig vom Satze des Grundes", weil die Idee sich weder räumlich noch zeitlich verorten läßt. Jeder einzelne Mensch ist immer irgendwo in der Welt, er bewegt und verändert sich, und die Dauer seiner Handlungen sowie seiner gesamten Existenz ist begrenzt und datierbar. Die *Idee des Menschen* ist niemals irgendwo oder irgendwann; sie hat keine Geschichte. Daher gibt es zwar viele Menschen, aber nur eine Idee des Menschen, und gleiches gilt auch für alle anderen Dinge und ihre Ideen. Im Unterschied zu Begriffen sind Ideen keine Abstraktionen aus der Erscheinung. Vielmehr sind die einzelnen Erscheinungen das, was aus den Ideen wird, wenn sie dem Satz vom Grund unterworfen werden. Gleichwohl bleiben auch die Ideen Objekte der Vorstellung und haben nur als solche Wirklichkeit. Das unterscheidet sie von den platonischen Ideen.

Die Wahrnehmung der Ideen statt einzelner Dinge ist allerdings nur möglich unter Preisgabe dessen, was man mit Recht als natürlichen Standpunkt bezeichnen könnte. Solange wir selbst als *Individuen* der Welt gegenüberstehen, haben wir es auch mit konkreten Dingen zu tun. Wir sind leiblich in dieser Welt präsent, als Ding unter Dingen, und haben von daher ein starkes Interesse an dem, was in dieser Welt vorgeht. Die Art, wie wir die Welt erleben, lassen wir uns von unserem Willen vorschreiben. Weil und insofern wir leben wollen, sehen wir ausschließlich das, was diesem Willen förderlich ist oder entgegensteht, und das können immer nur einzelne und – nach dem Satz vom Grund – *wirkende* Erscheinungen sein, nämlich andere Menschen und Tiere, dies oder jenes, aber niemals eine Idee. Um tatsächlich Ideen wahrzunehmen, muß ich zuvor alle Individualität aufgeben, muß mich vom Willen losreißen und zu einem „klaren Spiegel des Objekts" werden.[31] Als reines Erkenntnissubjekt frage ich dann nicht mehr nach dem Wo und Wann, nicht nach Warum und Wozu, sondern allein nach dem *Was*. Mein eigenes Sein geht nicht mehr in die Betrachtung des Gegenstandes ein, und ich betrachte ihn so, als ob er allein da wäre, oder mit einem Wort: als Idee.

Zu einer solchen Betrachtung der Gegenstände sind alle Menschen, wenngleich in unterschiedlichem Maße befähigt. Genie heißt die entsprechende Begabung, wenn sie das Maß des Üblichen übersteigt. „Während dem gewöhnlichen Menschen sein Erkenntnißvermögen die Laterne ist, die seinen Weg beleuchtet, ist es dem Genialen die Sonne, welche die Welt offenbar macht."[32] In den Ideen als den unmittelbaren Objektivationen des Willens zeigt sich deutlicher als in den Einzeldingen die Wahrheit über die Welt. Es ist die Aufgabe der Kunst, diese Wahrheit wiederzugeben und mitzuteilen. Ihr kommt es zu, „das Wesentliche und Bleibende aller Erscheinungen der Welt" zur Darstellung zu bringen.[33] Auf der Stufe der unbelebten Materie sind es die Ideen von Schwere und Anziehungskraft, Starrheit und Härte sowie ihrer Gegensätze. Ihre Darstellung teilen sich Architektur und Wasserleitungskunst. Um die Darstellung der pflanzlichen Natur bemühen sich auf unterschiedliche Weise Gartenkunst und Landschaftsmalerei, um die Idee des Tieres und seiner verschiedenen Arten die Tiermalerei.

Der Idee des Menschen schließlich widmen sich Historienmalerei, Skulptur und vor allem die Dichtung, als deren höchste Form die Tragödie gelten muß. (Die Musik nimmt unter den Künsten eine Sonderstellung ein: sie bildet keine Ideen ab, sondern unmittelbar den Willen selbst.) Dabei geht es nicht darum, Idealbilder zu errichten, sondern das Allgemeingültige herauszuarbeiten, das sich auch im Kleinsten zeigt. Allein auf die innere Bedeutsamkeit einer Handlung oder eines Ereignisses kommt es an, die von der äußeren, historischen Bedeutsamkeit ganz verschieden ist. In einem Streit unter Kindern kann sich die Idee des Menschen, sein innerstes Wesen, genauso gut offenbaren wie im Krieg der Mächtigen. Der Dichter ist so etwas wie der allgemeine Mensch: „Alles, was irgend eines Menschen Herz bewegt hat, und was die menschliche Natur, in irgend einer Lage, aus sich hervortreibt, was irgendwo in einer Menschenbrust wohnt und brütet, – ist sein Thema und sein Stoff."[34] Weil seine einzige Aufgabe die Darstellung der Wahrheit (über die Menschheit und die gesamte Natur) ist, darf auch niemand dem Künstler „vorschreiben, daß er edel und erhaben, moralisch, fromm, christlich, oder Dies oder Das seyn soll, noch weniger ihm vorwerfen, daß er Dies und nicht Jenes sei. Er ist der Spiegel der Menschheit, und bringt ihr was sie fühlt und treibt zum Bewußtseyn."[35]

Allerdings ist die durch die Kunst vermittelte Erkenntnis für Schopenhauer kein Selbstzweck. Vielmehr dient sie der kurzzeitigen Befreiung von der Last der Individualität. Solange ich die veränderliche Welt und ihre (dem Satz vom Grunde gehorchenden) Ereignisse für wirklich nehme und mich als Teil dieser Welt begreife, kann ich dem Leiden nicht entrinnen. Weil ich selbst meinem Wesen nach nichts anderes bin als Wille, verbringe ich mein Leben in rastlosem Streben, stets etwas Neues begehrend und so mein Ziel niemals erreichend. In der Kunst findet der vom Leben gequälte Mensch für eine Weile Frieden, indem er seinen Individualwillen und die ganze Welt der Motive, die ihn ständig umtreiben und ihm keine Ruhe gönnen, hinter sich läßt. Er erfährt so, was es heißt, ohne Willen zu sein, allem Leiden enthoben, ein klares Weltauge, allerdings nur für Augenblicke, bis ihn das Leben wieder einholt. So erlöst die Kunst zwar nicht von der Welt, weil ihr Glück nicht von Dauer ist, aber sie schenkt uns doch eine erfreuliche Ahnung von jener Erlösung, die allein auf dem Weg einer vollständigen Verneinung des Willens zum Leben zu erlangen ist.

8. Georg Wilhelm Friedrich Hegel

Wenn heute von Ästhetik die Rede ist, dann meistens im Zusammenhang mit Kunst. Die Begriffe Ästhetik und Kunsttheorie werden fast synonym gebraucht. Dabei sollte der Terminus Ästhetik ursprünglich, bei ihrem Begründer Alexander Gottlieb Baumgarten (1714–1762), ganz allgemein die Wissenschaft der sinnlichen Erkenntnis bezeichnen.[36] Auch die Theorie der Schönheit wurde noch darunter gefaßt, wobei es selbstverständlich war, daß nicht nur die Kunst, sondern auch, und vielleicht sogar in höherem Maße, die Natur schön und somit ein geeigneter Untersuchungsgegenstand der Ästhetik war. Die heutige Beschränkung des Begriffs auf den Bereich der Kunst ist vor allem dem Einfluß Georg Wilhelm Friedrich Hegels (1770–1831) zu verdanken.

Wie für seinen Antipoden Schopenhauer die ganze Welt mit all ihren Erscheinungen in Wahrheit Wille war, so war sie für Hegel Geist. Seiner Theorie nach hat dieser Geist eine dialektische Entwicklung durchlaufen, die ihn immer mehr zu sich selbst geführt hat, indem er sich im Laufe der Zeit allmählich aus einer seinem Wesen fremden Gestalt befreit und schließlich zu einer ihm entsprechenden Form gefunden hat. Aus der völligen Bewußtlosigkeit und Unfreiheit der unbelebten Materie hat er sich Schritt für Schritt bis zu der hoch entwickelten Geistigkeit des Menschen emporgearbeitet, wo er sich seiner selbst als Geist bewußt wird. Die ganze bisherige Natur- und Weltgeschichte ist demnach, fern jeder Zufälligkeit, nichts anderes als der Prozeß der wachsenden

Selbstentfaltung des Geistes, die in Hegels eigener Philosophie zu ihrem Ende kommt. So entdeckt Hegel die Historizität des Geistes und proklamiert zugleich das Ende der Geschichte für seine Zeit.

Innerhalb dieses metaphysischen Rahmens nimmt auch die Ästhetik ihren Platz ein. Je mehr in der äußerlichen, körperlichen Welt der darin verborgene Geist zum Ausdruck kommt, je inniger sich das Sinnlich-Materielle als vom Geistigen durchdrungen zeigt, desto schöner, sagt Hegel, sei es. Die Schönheit eines Dinges ist immer eine Funktion seiner in Erscheinung tretenden Geistigkeit. Sie ist „das sinnliche Scheinen der Idee",[37] wobei unter Idee die Einheit von Begriff und Realität zu verstehen ist. Nicht jede Realität, das heißt nicht jede dinglich-räumliche Existenz, entspricht schon dem Begriff, so wie Hegel ihn versteht, als einheits- und wahrheitsstiftendes Prinzip. Nur durch ihre Teilhabe am Begriff kommt den Dingen Wirklichkeit und, was für Hegel dasselbe ist, Wahrheit zu. Wahrhaft wirklich ist nur das Vernunftgemäße, das allein dem „Chaos der Zufälligkeiten" und der „schlechten, vergänglichen Welt" entzogen bleibt.[38] Da nun Schönheit dadurch entsteht, daß die äußere Realität mit dem Begriff übereinstimmt und so zur Idee wird, läßt sie sich auch als Wahrheit in der Erscheinung definieren.

Nun ist aber gerade diese Wahrheit in der unbewußt schaffenden Natur niemals gegeben. Dort ist der Geist noch außer sich und tritt nur andeutungsweise in Erscheinung. Es fehlt der Natur insgesamt die unbedingte Einheit und Autonomie des Begriffs. Echte, ungetrübte Schönheit kann es darum nur in der Kunst geben, weil diese, anders als die Natur, schon aus dem sich seiner selbst bewußten Geist hervorgeht und daher das Geistfremde, sofern es das sinnliche Medium erlaubt, von vornherein aussondern kann. „Die harte Rinde der Natur und gewöhnlichen Welt machen es dem Geiste saurer, zur Idee durchzudringen, als die Werke der Kunst."[39] Zwar zeigt sich bereits in der Belebtheit tierischer Organismen eine gewisse Entsprechung zwischen Realität und Begriff, Außen und Innen, indem dort nämlich die Empfindung eine Einheit herstellt, die der bloßen Materialität des Körpers fehlt und die wir gemeinhin als Seele bezeichnen. „Im lebendigen Organismus haben wir ein Äußeres, in welchem das Innere erscheint, indem das Äußere sich an ihm selbst als dies Innere zeigt, das sein Begriff ist."[40] Da aber das Ausdrucksvermögen der Tiere stark begrenzt ist, so daß die Empfindungsfähigkeit nur unvollkommen nach außen tritt, kann sich die Seele nicht als Seele zeigen. Die innere Einheit bleibt innerlich, zumal das Tier gar nicht in der Lage ist, sie bewußt zu reflektieren. Erst das Ich des Menschen ist nicht mehr nur an sich Einheit, sondern auch für sich, das heißt, er weiß um das, was er ist, und vermag es auch auszudrücken. Aber auch der Mensch ist noch zu sehr Natur, um die totale Freiheit und Selbständigkeit, das in sich Unendliche und Freie der Idee ganz verwirklichen zu können. Zu groß ist seine Bedürftigkeit, zu zahlreich sind seine Abhängigkeiten, zu tief ist seine Verstrickung in die Zufälle des Lebens, als daß es ihm möglich wäre, ein von aller Zeitlichkeit und Endlichkeit befreites und somit erst „der Wahrheit würdiges Dasein" zu führen.[41]

Rein und unverfälscht erscheint die Wahrheit nur in der Kunst, so daß die Ästhetik getrost von der Natur absehen und sich auschließlich als „Philosophie der schönen *Kunst*" verstehen kann.[42] Denn nur um die Wahrheit geht es, und sie darzustellen ist dann auch der einzige Zweck der Kunst. Die Darstellung gelingt, wenn das sinnliche Element, dessen sich die Kunst bedient, in allen

Teilen auf ein Geistiges hindeutet, sich also in seiner Sinnlichkeit gleichsam aufhebt, die Prätention der Wirklichkeit ablegt und als bloßer Schein, als die Schattenwelt, die es in Wahrheit ist, sichtbar wird: „das Innere scheint im Äußeren und gibt durch dasselbe sich zu erkennen, indem das Äußere von sich hinweg auf das Innere hinweist."[43] Da an keiner Stelle des menschlichen Leibes die Seele klarer zutage tritt als im Auge, muß der Künstler danach trachten, sein Werk gleichsam ganz Auge werden zu lassen, ein „tausendäugiger Argus",[44] also eben genau das, was die Natur von sich aus nicht ist. Es kann daher auch nicht im Bestreben des Künstlers liegen, die Natur nachzuahmen. Die vollkommene Imitation der Natur wäre ein bloßes Kunststück, aber kein Kunstwerk. Kunst besteht vielmehr darin, die Natur, nämlich als sinnliches Material, auf eine Weise zu bearbeiten und neu zu schaffen, daß der Mensch sich darin in seiner Geistigkeit wiederzuspiegeln vermag. „Das allgemeine Bedürfnis zur Kunst also ist das vernünftige, daß der Mensch die innere und äußere Welt sich zum geistigen Bewußtsein als einen Gegenstand zu erheben hat, in welchem er sein eigenes Selbst wiedererkennt."[45] Daß dieses Bedürfnis vernünftig ist, heißt, daß es auch legitim ist, und zwar nicht nur in der Kunst. Die Entfaltung des Hegelschen Weltgeistes verlangt bequemerweise genau die Aneignung und Denaturierung der Natur, um die wir uns auch heute noch unverändert eifrig bemühen. Hegel weist dem Menschen die historische und weit über den Bereich der schönen Kunst hinausgehende Aufgabe zu, die Fremdheit der Welt zu tilgen, bis er in allem, was ihm begegnet, nur noch sich selber sieht.

Auf diese Weise schaffen wir uns gewissermaßen eine wahrere Welt, jedenfalls wenn man, mit Hegel, unter Wahrheit ausschließlich die Wahrheit des Begriffs, also eine vernunftkompatible Wahrheit versteht. Entsprechend meint Hegel auch etwas ganz anderes als etwa Schopenhauer, wenn er der Kunst die Aufgabe zuweist, die Wahrheit zur Erscheinung zu bringen. Für Schopenhauer war eine Darstellung dann wahr, wenn sie das Leben, wie es ist, aufzeigt, das heißt auch in seinen Leiden, seiner Zerrissenheit und Widersprüchlichkeit. Für Hegel hingegen bedeutet Wahrheit gerade die Auflösung und Versöhnung aller vermeintlichen Widersprüche in einer höheren Einheit. Um wahr sein zu können, muß sich die Kunst über das Leben erheben, muß also schöner als dieses oder kurz: *Ideal* sein. Ihr Zweck ist es nicht, das gewöhnliche Dasein zu zeigen, „das schlechthin nicht ist, wie es sein soll",[46] sondern vielmehr die prosaische Realität durch das „Wunder der Idealität"[47] zu überwinden. Aus diesem Grund darf etwa ein gemaltes Portrait nicht die Poren, Härchen und Flecken der Haut zeigen. Alles, was an „das nur Natürliche des bedürftigen Daseins"[48] erinnert, so auch die Nacktheit des Fleisches, muß möglichst ausgespart bleiben. Dazu gehören auch aller Schmerz und alle Not der menschlichen Existenz, es sei denn, sie werden in der Darstellung irgendwie verklärt oder gemildert derart, daß inmitten des Leidens doch eine gewisse heitere Ruhe und Freudigkeit der Ergebung gewahrt bleibt. Zeigt ein Bild etwa Menschen, die in Armut leben, darf nicht der Eindruck entstehen, als leide einer von ihnen unter seiner Situation. Alle sollten vielmehr so dreinschauen, als kümmerte sie ihr Schicksal nicht weiter, also heiter und unbeschwert. „Die ideale Kunstgestalt steht wie ein seliger Gott vor uns da."[49]

Da will man es denn auch gar nicht weiter bedauern, wenn Hegel die Kunst im Grunde für überholt hält. Die Zeit, in der man glaubte, die höchste Wahrheit lasse sich angemessen in der Weise sinnlicher Darstellung erfassen, glaubt er endgültig vergangen. Die Kunst hat sich entwickelt von der symbolischen Kunstform der archaischen Zeit, in der das Ideal nur erstrebt wurde, aber noch vom Sinnlichen überdeckt war, über die klassische des Altertums, in der es erreicht, bis hin zur romantischen des Mittelalters, in der es überschritten wurde, indem das Geistige sich schon vom Sinnlichen wie von einem zu eng gewordenen Kleid zu befreien begann. „Bei fortgehender Bildung tritt bei jedem Volke eine Zeit ein, in welcher die Kunst über sich selbst hinausweist."[50] So wird Kunst zunächst ersetzt durch Religion, welche die Vergegenständlichung des Geistes aufgibt und ihn in die Innerlichkeit der subjektiven Vorstellung hineinzieht, dann aber schließlich durch das reine, systematische Denken der Philosophie, das dem Geist allein gerecht wird. Denn erst in diesem Denken kommt der Geist ganz zu sich selbst und wird, die Subjektivität der Religion und die Objektivität der Kunst als Einheit von Denken und Gedachtem aufhebend, zum absoluten Geist.

9. Karl Rosenkranz

Indem Hegel die Ästhetik als „Wissenschaft der schönen Kunst" bestimmte, verpflichtete er alle Kunst auf das Ideal der Schönheit. Wie die Natur von der ästhetischen Betrachtung ausgeschlossen bleiben sollte, so auch die zahllosen Widrigkeiten des Lebens von der künstlerischen Darstellung. Auch wenn einige zeitgenössische Arbeiten scheinbar das Gegenteil bewiesen, gehörte es Hegel zufolge definitiv nicht zu den Aufgaben der Kunst, die Schrecken der natürlichen Existenz hervorzuheben. Vielmehr kam es ihr zu, die prosaische Realität poetisch zu verklären. Auf diese Weise sollte sich die Kunst nicht etwa von der Wahrheit entfernen, sondern sich ihr annähern, denn nur das Schöne konnte, nämlich als Ausdruck begrifflicher Einheit, für wahr gelten. Häßlichkeit war immer ein Zeichen von Unwahrheit.

Nun konnte es aber auf Dauer selbst den entschlossensten Hegelianern kaum verborgen bleiben, daß die Kunst durch ein allzu eifriges Streben nach dem Ideal schließlich doch, aller Theorie zum Trotz, Gefahr lief, in Konflikt mit der Wahrheit zu geraten. Eine Kunst, die um jeden Preis schön sein will und nichts außerdem, beraubt die Schönheit letztlich aller Aussagekraft und verkommt so zum bloßen Ornament. Diese Gefahr hat unter Hegels philosophischen Nachfolgern vielleicht niemand klarer gesehen als der zu seinen Lebzeiten hoch geachtete, heute jedoch leider weitgehend vergessene Karl Rosenkranz (1805–1879).

In seiner 1853, zweiundzwanzig Jahre nach Hegels Tod, veröffentlichten *Ästhetik des Häßlichen* (schon der Titel ist eine Provokation) beklagt Rosenkranz die „unglaubliche Falschmünzerei“, die im Namen des Idealismus betrieben wird.[51] Geflissentlich verschweigt man die Existenz natürlicher Prozesse und vermeidet es allgemein, die Dinge beim rechten Namen zu nennen. Weil alles edel, rein und schön sein soll, tut man einfach so, als gäbe es nichts Häßliches, weder im Leben noch in der Kunst. Tatsächlich aber ist das Leben keineswegs immer schön: „Die Hölle ist nicht bloß eine religiös-ethische, sie ist auch eine ästhetische. Wir stehen inmitten des Häßlichen.“[52] Die Kunst darf nicht davor zurückscheuen, dieses Häßliche darzustellen, aber nicht deshalb, wie manchmal behauptet wurde, damit die Schönheit durch den Kontrast mit dem Häßlichen noch deutlicher hervortreten könne, denn das ist zumeist gar nicht der Fall. Oft verdirbt die Gegenwart des Häßlichen den Genuß des Schönen mehr, als daß sie ihn steigert. Wenn die Kunst auf das Häßliche nicht verzichten kann, dann um der Wahrheit willen, denn weder ist, wie Hegel gelehrt hatte, das Schöne immer wahr, noch das Wahre immer schön. „Es ist schön“, schreibt Rosenkranz, „wenn das Wahre und Gute auch schön erscheinen, allein es ist nicht notwendig.“[53] So kann etwa ein vollkommen organisiertes Lebewesen durchaus häßlich sein, so wie umgekehrt auch das Unvollkommene (ja selbst das Böse als das im ethischen Sinne Häßliche) schön sein kann.

Es liegt Rosenkranz allerdings fern, mit dem Idealismus zu brechen. Die künstlerische Beschränkung auf das nur Schöne ist für ihn nicht idealistisch, sondern nur pseudo-idealistisch, weil ihr ein verfehltes Verständnis der Idee zugrundeliegt. „Die Abwesenheit aller positiven Inkorrektheit, die Anwendung bekannter edler Formen im einzelnen, die Fernhaltung jedes Überschwangs, die Zahmheit des gewählten Ausdrucks, die negative Sauberkeit, mit welcher das Detail ausgeglättet ist, betrügt über die Gehaltlosigkeit des Innen und läßt den Künstler nicht ahnen, daß er nur eine ideale Karikatur zutage gefördert hat."[54] Durch die strikte Ausblendung alles Häßlichen wird nicht nur die lebensweltliche Realität übergangen, sondern auch die Idee selbst verfälscht (also auch die Wirklichkeit und Wahrheit im Hegelschen Sinne), denn das Häßliche gehört ebensogut zur Idee wie das Schöne. „Es wäre eine oberflächliche Auffassung der Idee, wollte sie sich auf das einfach Schöne beschränken."[55] Zwar ist die im Sinnlichen scheinende, also verwirklichte Idee immer schön, aber die Idee ist auch frei in dem Sinne, daß die Möglichkeit des Schönen immer zugleich auch die Möglichkeit des Häßlichen beinhaltet. Nur was der Schönheit fähig ist, kann häßlich sein, und je schöner etwas ist, desto häßlicher kann es werden und desto anfälliger ist es für das Häßliche. Nichts kann so schön sein wie der Mensch, aber auch nichts so häßlich. So ist das Häßliche gleichsam die Gefahr, „die dem Schönen an ihm selber drohet".[56] Darum verlangt eine vollständige Darstellung der Idee, daß auch die Fragilität des Schönen mit in Erscheinung tritt, das heißt die ständig gegebene, niemals zu bannende Möglichkeit des Schönen, sich ins Häßliche zu verkehren. Bleibt diese Möglichkeit unsichtbar, wird das Schöne, und zwar in einem höheren Sinne als dem einer bloßen Übereinstimmung mit der sogenannten Realität, unwahr, als solches aber wiederum häßlich, denn gerade weil das Schöne ein notwendiges Verhältnis zum Wahren und Guten hat, das unter keinen Umständen verletzt werden darf, kann das Schöne nur als Wahres schön bleiben. Das (scheinbar) Schöne ist nur dann (wirklich) schön, wenn es wahr ist, und wahr ist es, wenn man ihm die Gefahr der Vernichtung ansieht.

Auf diese Weise gelingt es Rosenkranz, am Schönen als dem Ideal der Kunst festzuhalten und zugleich aus diesem Ideal die Notwendigkeit abzuleiten, auch dem Häßlichen ästhetisch gerecht zu werden. „Das Schöne ist die göttliche, ursprüngliche Idee, und das Häßliche, seine Negation, hat eben als solche ein erst sekundäres Dasein."[57] Gleichwohl kann das Schöne ohne diese seine Negation auf Dauer nicht bestehen, wie die ästhetische Erfahrung zur Genüge beweist. Denn selbst wenn man die Schönheit nicht an der Wahrheit der Idee messen wollte, läßt sich doch *erleben*, wie in der Kunst das Schöne, wenn es unwidersprochen bleibt, alle seine Reize verliert. So ist jede Einheit als solche schön, aber wenn die Einheit keine Gegensätze enthält, wird sie häßlich: „Die Reinheit eines bestimmten Gefühls, einer bestimmten Form, einer Farbe, eines Tons kann unmittelbar sogar schön sein. Stellt sich uns aber wieder und wieder immer nur dies eine ohne Unterbrechung, ohne Wechsel und Gegensatz dar, so entsteht dadurch eine triste Armseligkeit, Einförmigkeit, Einfärbigkeit, Eintönigkeit."[58] Dasselbe gilt auch für die Regelmäßigkeit und die Korrektheit der Darstellung, die beide sogleich häßlich werden, wenn sie unangefochten herrschen. Nicht, weil sie an sich selbst häßlich wären – das Gegenteil ist der Fall –, sondern weil das Schöne stets häßlich wird, sobald es *nur* einheitlich, regelmäßig und korrekt oder was auch immer ist. Allgemeine Prinzipien des Schönen taugen nur etwas, wenn sie als „Mittel seelenvoller Manifestation" Verwendung finden.[59] Dazu bedarf es aber einer gelegentlichen Durchbrechung des Prinzips. Nur indem ihr etwas entgegengesetzt wird, kann die Schönheit bewahrt werden. So erweist sich paradoxerweise der Widerspruch, der aller Häßlichkeit zugrundeliegt so wie die Einheit der Schönheit, empirisch als integraler Bestandteil des Schönen.

Auch wenn so die Kunst aus verschiedenen Gründen nicht auf die Einbindung des an und für sich Häßlichen verzichten kann, darf doch auch das Häßliche seinerseits niemals ihr alleiniger Gegenstand sein. Die Kunst entspringt ja aus der menschlichen Sehnsucht nach dem Schönen, das bekanntlich nur in der Kunst rein genossen werden kann. Weil hierin der Zweck der Kunst besteht, darf sie den Rückbezug auf das Schöne als dem Ideal nicht preisgeben. Sie soll zeigen, was ist, aber doch stets auf der Folie dessen, was sein sollte. Das bedeutet aber, daß das Häßliche, das die Kunst um der Wahrheit (und der Schönheit) willen darzustellen gezwungen ist, irgendwie ästhetisch aufgehoben und wieder in die Einheit der Idee zurückgeholt werden muß, und zwar, indem es in seiner Relativität zum Vorschein kommt, in der Nichtigkeit seiner rein negativen, gleichsam schattenhaften Existenz. Dies gelingt durch seine Transformation ins *Komische*, welches das Häßliche (das immer einen Zwang enthält) in die Freiheit des Schönen zurückbildet. Das Komische vereinigt das Schöne und das Häßliche, indem es beide von ihren jeweiligen (pseudo-idealen) Einseitigkeiten befreit. Zur These und Antithese bildet es so, hegelianisch gesprochen, die Synthese. „Das Schöne wird in diesem Prozeß als die Macht offenbar, welche die Empörung des Haßlichen seiner Herrschaft wieder unterwirft. In dieser Versöhnung entsteht eine unendliche Heiterkeit, die uns zum Lächeln, zum Lachen erregt. Das Häßliche befreit sich in dieser Bewegung von seiner hybriden, selbstischen Natur. Es gesteht seine Ohnmacht ein und wird komisch. Alles Komische begreift ein Moment in sich, welches sich gegen das reine, einfache Ideal negativ verhält; aber diese Negation wird in ihm zum Schein, zum Nichts heruntergesetzt. Das positive Ideal wird im Komischen anerkannt, weil und indem seine negative Erscheinung sich verflüchtigt."[60] Der Komplexität der Idee, dem Ideal von Schönheit *und* Wahrheit, scheint so allein das Komische gerecht zu werden. Wenn das aber so ist, dann muß, auch wenn Rosenkranz diese Konsequenz nicht ausdrücklich zieht, vollendete, das Ideal verwirklichende Kunst letztlich immer komisch sein.

10. Benedetto Croce

Hätte Hegel geahnt, welche Umwälzungen die Kunst im zwanzigsten Jahrhundert noch durchmachen würde, wäre er sicher erstaunt gewesen. Kaum war das neunzehnte Jahrhundert verstrichen, wurde es immer schwieriger, das Ideal des Schönen, das lange die Reflexion beherrscht hatte, in der künstlerischen Praxis wiederzufinden – zum großen Verdruß der professionellen Kritiker, die, weil sie die ästhetischen Kategorien des neunzehnten Jahrhunderts verinnerlicht hatten, fast einmütig gegen den vermeintlichen Verfall der Kunst wüteten. Dabei hatte bereits 1902 der Italiener Benedetto Croce (1866–1952) mit seiner *Theorie der Ästhetik als Wissenschaft vom Ausdruck und Allgemeine Linguistik* eine geeignete philosophische Grundlage zum Verständnis der modernen Kunst geschaffen.

Croce unterscheidet zunächst zwei Arten von Erkenntnis. Die eine, anerkanntere, ist die *logische*, die vom Verstand ausgeht und sich auf die allgemeinen, abstrakten Beziehungen zwischen den Dingen richtet. Die Dinge selbst, in ihrer Besonderheit, werden so nicht erfaßt, was aber nicht heißt, daß sie nicht erkenntnisfähig wären. Nur ist es nicht der Verstand, sondern die *Phantasie*, durch die wir die einzelnen Dinge, und zwar *intuitiv*, erfassen.

Während der Verstand Begriffe hervorbringt, vermittelt uns die Phantasie Vorstellungsbilder oder kurz: Intuitionen. In beiden Fällen erkennen wir, aber jeweils etwas anderes und auf andere Weise. Die intuitive Erkenntnisart ist nun das entscheidende Bestimmungsmerkmal der Kunst.

Anders als man vielleicht erwartet, hängt die intuitive Erkenntnis in keiner Weise von der logischen ab, wohl aber umgekehrt. Begriffe stützen sich immer auf Intuitionen, weil sie stets aus konkreten Erscheinungen abgeleitet sind. *Dieses* Stück Zeitungspapier ist eine Intuition, *das* Zeitungspapier hingegen ein Begriff, der für unendlich viele Intuitionen steht, weil darin von der Besonderheit des Hier und Jetzt abgesehen wird. Während ein Begriff somit immer entsprechende Intuitionen voraussetzt, kann eine Intuition gänzlich ohne Begriffe auskommen. Wohl mögen Begriffe darin eingehen, aber wenn sie es tun, dann so, daß sie selbst zu Bestandteilen der Intuition werden, das heißt, den Ausdrucksgehalt des Vorstellungsbildes mitbestimmen – ähnlich wie ein Farbton in einem Gemälde. „Ein Kunstwerk kann voll von philosophischen Begriffen sein; es kann zahlreichere und tiefere philosophische Begriffe als eine philosophische Dissertation enthalten, welche ihrerseits Überfluß an Beschreibungen und Intuitionen haben kann. Aber trotz aller dieser Begriffe ist das Resultat des Kunstwerks eine Intuition; und trotz aller jener Intuitionen ist das Resultat der philosophischen Dissertation ein Begriff."[61]

Aber was genau ist eine Intuition? Croce rechnet darunter Wahrnehmungen genauso gut wie reine Vorstellungsbilder. Auf den Realitätsgehalt kommt es also nicht an. Auch die räumliche und zeitliche Form ist für die Intuition unerheblich: „Was man an einem Kunstwerk intuitiv erkennt, ist nicht Raum und Zeit, sondern individueller Charakter oder Physiognomie."[62] Darum dürfen Intuitionen auch nicht mit Empfindungen verwechselt werden. Diese sind passiv, sie widerfahren uns, sind bloß das Material, mit dem wir umzugehen haben. Eine Intuition hingegen ist eine aktive, geistige Formung eines vorgegebenen Stoffes. Dieser Stoff ist ein Komplex von Empfindungen. Mag man auch zuweilen unsicher sein, ob man nur empfindet oder bereits eine Intuition hat, so gibt es doch eine ganz einfache Probe, um beides eindeutig voneinander zu unterscheiden, denn jede echte Intuition ist zugleich Ausdruck (Expression).

Eine Intuition oder Vorstellung, die sich nicht ausdrücken läßt, ist in Wahrheit nur eine Empfindung, und das heißt: eben keine Erkenntnis. Tatsächlich gibt es nach Croce überhaupt keine Erkenntnis, weder logische noch intuitive, die sich nicht auch adäquat ausdrücken ließe. Erkenntnis und Ausdruck sind nicht voneinander zu trennen. Praktisch fallen sie zusammen, denn die Erkenntnis ereignet sich im Ausdruck: erst in dem Augenblick der Ausdrucksfindung wird auch die Erkenntnis erlangt, so daß man vom Fehlen des Ausdrucks mit absoluter Sicherheit auch auf das Fehlen der Erkenntnis schließen kann. Es ist daher auch niemals so, daß jemand bedeutsame Gedanken hat, sich aber nicht darauf versteht, sie auszudrücken. Wenn ein Gedanke, sobald man ihm Ausdruck verliehen hat, belanglos erscheint, war er dies auch schon vorher. Die Klarheit des Ausdrucks ist ein untrügliches Maß für die Klarheit des Gedankens. Schlechtes Schreiben ist daher immer ein Indikator schlechten Denkens, also mangelnder logischer Erkenntnis in der Wissenschaft und mangelnder intuitiver Erkenntnis in der Kunst.

Da nun für Croce Kunst nichts anderes ist als der Ausdruck intuitiver Erkenntnis, Ausdruck und Intuition aber notwendig zusammengehören, läßt sich die verbreitete Unfähigkeit, künstlerisch tätig zu werden, auf einen Mangel an intuitiver Erkenntnis zurückführen.

Mit anderen Worten zeichnet sich der Künstler nicht durch seine technischen Fähigkeiten aus, sondern durch seine überragende Vorstellungskraft, also nicht durch das, was er hervorbringt, sondern bereits durch das, was er wahrnimmt. Er erfaßt mehr als wir anderen, die wir einen Gegenstand meist nur so weit in uns aufnehmen, wie es für unsere praktischen Zwecke nötig ist. „Der Maler ist deswegen ein Maler, weil er das erschaut, was andere nur fühlen oder ansehen, aber nicht erschauen."[63] Wenn die Welt ein Buch ist, dann liest der gewöhnliche Mensch gleichsam nur das Inhaltsverzeichnis, während der Künstler weiterliest, allerdings auch nicht das ganze Buch, sondern nur Abschnitte. Und jeder Künstler liest einen anderen Abschnitt, erfaßt etwas anderes und auf andere Weise. Es ist unmöglich, daß zwei verschiedene Kunstwerke dieselbe Intuition zum Ausdruck bringen, weil Form und Inhalt hier nicht zu trennen sind. Was ich ausdrücke, ist das, was ich intuitiv erkannt habe. Wenn ich mich daher anders ausdrücke, habe ich auch etwas anderes erkannt.

Nun ist eigentlich alles, was der Mensch hervorbringt, Kunst, sofern es nämlich Ausdruck seiner geistigen Tätigkeit ist. Alle Kunst ist Ausdruck und aller Ausdruck Kunst. Darum gehört für Croce auch die Linguistik, verstanden als Lehre von den sprachlichen Ausdrucksformen, mit zur Ästhetik. Philosophie der Sprache und Philosophie der Kunst sind ein und dasselbe. So gibt es auch zwischen dem, was traditionellerweise Kunst genannt wird, und dem, was gewöhnlich nicht darunter gerechnet wird, keinen qualitativen Unterschied, sondern lediglich einen quantitativen. Manche Menschen vermögen eben mehr zu erfassen und auszudrücken als andere, aber es ist unsinnig, eine künstlerische von einer alltäglichen Intuition oder eine große von einer kleinen zu unterscheiden. Jede ausgedrückte Intuition ist Kunst. „Ein Epigramm gehört der Kunst an: warum nicht auch ein einfaches Wort? Eine Novelle gehört der Kunst an: warum nicht auch eine journalistische Zeitungsnotiz? Ein Landschaftsbild gehört der Kunst an: warum nicht auch eine topographische Skizze?"[64] Damit ist der Weg frei für Duchamps Ready-Mades, für Futurismus und Dadaismus und das vielzitierte Diktum Josef Beuys', daß jeder ein Künstler sei. Homo nascitur poeta, schreibt Croce: Der Mensch wird als Dichter geboren.[65]

Das schließt allerdings nicht die Existenz schlechter Dichter aus, das heißt solcher, denen es nicht gelingt, etwas präzise zu erfassen und auszudrücken. Denn was landläufig als schlechte Kunst gilt, ist in Wahrheit nur ein gescheiterter Versuch, Kunst hervorzubringen. Kunst ist immer „gelungene Expression" oder, was dasselbe ist, „Expression schlechthin", „weil die Expression, wenn sie nicht gelungen ist, keine Expression ist."[66] Das mißlungene Kunstwerk zerfällt in Teile, die für sich genommen ausdrucksvoll sein können, aber zusammengenommen kein einheitliches Ausdrucksbild ergeben. Gelingt der Ausdruck auch im Ganzen, ist das Werk schön, denn Schönheit ist nichts anderes als Ausdruck.

Hieraus folgt, daß die Natur als solche unmöglich schön sein kann. Wenn Schönheit Ausdruck ist, Ausdruck aber eine geistige Tätigkeit, bleibt alles Passive und Geistlose notwendig von der Schönheit ausgeschlossen. Eine Lilie ist somit nicht schöner als eine Artischocke. Croce führt so zu Ende, was Hegel mit seiner Abwertung des Naturschönen begonnen hatte. Das heißt aber auch, daß die Kunst jeden beliebigen Inhalt haben kann, ohne daß ihre Schönheit in irgendeiner Weise dadurch beeinflußt würde, denn nicht auf den Inhalt, sondern auf den Ausdruck kommt es an. Es gibt nichts Häßliches in der Kunst, soweit sie eben Kunst ist. Ein „Bild, das etwas Schmerzliches oder Schändliches darstellt", kann mit demselben Recht schön genannt werden wie „ein Bild des Lustvollen und Guten".[67] In der Wahl ihrer Gegenstände muß der Kunst darum völlige Freiheit gelassen werden. Keine Intuition ist besser oder wahrer als eine andere; ihr Ausdruck zu verleihen, ist immer schön. Schönheit, Kunst und Ausdruck sind also Synonyme. Freilich verliert damit der Begriff des Schönen für die Ästhetik jede differenzierende Bedeutung und wird als zentrale Kategorie überflüssig. Fortan läßt sich über ästhetische Phänomene reden, ohne auch nur mit einem Wort der Schönheit zu gedenken, deren aufwühlende Erfahrung sie einst auf den Weg gebracht hat.

11. Walter Benjamin

Rund sechzig Jahre, nachdem Daguerre 1837 den ersten Apparat zur mechanischen Erzeugung von Lichtbildern erfunden hatte, lernten die Bilder bereits laufen, bald darauf sogar sprechen. Photographie und Film, Rundfunk und Schallplattenaufnahmen veränderten die Wahrnehmung der Welt. Geschehnisse und Dinge, die ihrer Natur nach zuvor nur von wenigen Menschen unmittelbar in sinnlicher Gegenwart erfahren werden konnten, ließen sich nun scheinbar genau so, wie sie sich abgespielt hatten, festhalten und über die Grenzen von Raum und Zeit hinweg einer im Prinzip unbegrenzten Anzahl von Menschen zugänglich machen. Die Mühelosigkeit, mit der sich Sicht- und Tonbilder fortan herstellen und vervielfältigen ließen, erlaubte es mit einem Mal Millionen von Menschen, an ein und demselben Ereignis teilzunehmen oder wenigstens die Illusion der Teilnahme zu haben.

Wie sich die neuen Techniken auf die Kunst und deren Verständnis auswirkten, untersuchte Walter Benjamin (1892–1940) in seinem 1936 im französischen Exil entstandenen, später berühmt gewordenen Aufsatz über *Das Kunstwerk im Zeitalter seiner technischen Reproduzierbarkeit*. Benjamin versteht Photographie und Film als innovative Kunstformen, die ältere Formen wie das Tafelbild und das Schauspiel ablösen. Von diesen unterscheidet sich die neue Kunst wesentlich vor allem dadurch, daß ihr erstmals etwas fehlt, was Werke der Kunst bislang immer ausgezeichnet hatte, nämlich ihre eigentümliche *Aura.* Aura definiert Benjamin als „einmalige Erscheinung einer Ferne, so nah sie sein mag",[68] und erläutert diese Bestimmung anhand eines Beispiels aus der Naturerfahrung: „An einem Sommernachmittag ruhend einem Gebirgszug am Horizont oder einem Zweig folgen, der seinen Schatten auf den Ruhenden wirft – das heißt die Aura dieser Berge, dieses Zweiges atmen."[69]

Die Aura entsteht aus der Einmaligkeit und Unwiederholbarkeit des Erlebten, einer Wirklichkeit, die nur an diesem Ort, zu dieser Zeit erfahren werden kann, die nicht festgehalten und mitgenommen werden kann und in diesem Sinn auch in der Nähe ewig fern, weil ungreifbar, bleibt. Wie die Erstaufführung eines Symphoniekonzerts oder Dramas, aber auch wie ein Gemälde von Rembrandt, das nur einmal existiert und sich als Original von allen Kopien schon durch seine Geschichte unterscheidet, deren Spuren es trägt, durch seinen einzigartigen Werdegang, der es vom Atelier des Malers, wo es in einem langwierigen schöpferischen Prozeß entstand, in diesem Augenblick hier an diesen Ort geführt hat, wo ich es nun betrachten kann. In der Aura der Einzigartigkeit lebt noch die sakrale Bedeutung nach, die das Kunstwerk einst durch seine Einbindung in kultische Handlungen besessen hatte. Seiner Unnahbarkeit gewahr stehe ich scheu vor ihm, wie allein vor meinem Gott.

Gerade dieses Einmalige aber geht nach Benjamin durch die Möglichkeit massenhafter technischer Reproduktion verloren. „Noch bei der höchst vollendeten Reproduktion fällt eines aus: das Hier und Jetzt des Kunstwerks – sein einmaliges Dasein an dem Orte, an dem es sich befindet."[70] Der Unterschied zwischen Original und Kopie wird damit bedeutungslos. Ein Abzug ist genauso gut wie der andere, und wird er zerstört, so kann er ohne Verlust ersetzt werden. Was ich heute hier sehe, kann ein anderer zur selben Zeit an anderer Stelle betrachten. So steht das in beliebiger Zahl zu vervielfältigende Werk tendenziell jedem jederzeit zur Verfügung. Von Anfang an ist es auf den massenhaften Privatgebrauch hin angelegt und beraubt sich so seiner ursprünglichen Ferne. Wir holen es uns nahe, bis ins eigene Haus hinein, schon damals durch die Tonaufnahme, später dann auch durchs Fernsehen, heute durchs Internet. Auf diese Weise befriedigt es den gewachsenen Sinn für das Gleichartige in der Welt. Vom ehemaligen Kultwert des Kunstwerks und der mit ihm verbundenen Autorität bleibt so kaum noch etwas übrig; an seine Stelle tritt der *Ausstellungswert*. Die Aura entschwindet, weil sie stets an das Hier und Jetzt gebunden bleibt und es daher kein Abbild von ihr geben kann. Der künstlich aufgebaute Starkult ist nur ein Surrogat, der von dem einzigen Rückzugsort zehrt, der der Aura noch geblieben ist, dem menschlichen Antlitz: „Im flüchtigen Ausdruck eines Menschengesichts wirkt aus den frühen Photographien die Aura zum letzten Mal. Das ist es, was deren schwermutvolle und mit nichts zu vergleichende Schönheit ausmacht."[71]

Faszinierend und auch verwirrend wirkt Benjamins Aufsatz allerdings durch die sehr ambivalente Beurteilung der konstatierten Veränderung. Einerseits scheint er den Verlust der Aura zu bedauern, andererseits aber hält er ihn offenbar in politischer Hinsicht für begrüßenswert. Die von Benjamin hautnah erlebte faschistische Instrumentalisierung von Begriffen wie Schöpfertum, Genialität, Ewigkeitswert und Geheimnis, die stets an die Einmaligkeit und Aura des Kunstwerks geknüpft waren und die nun durch die neuen Reproduktionstechniken und die weitgehende Verlagerung des Schöpfungsprozesses vom Menschen auf die Apparatur obsolet geworden waren, ließ ihn auf die politische Bedeutung einer antiauratischen Kunst aufmerksam werden. Mit Erfolg betrieb der Faschismus die Ästhetisierung und Auratisierung des politischen Lebens. So konnte selbst der Krieg zum Kunstwerk (und damit zur heiligen Aufgabe) und die Vernichtung, auch die eigene, zu einem ästhetischen Genuß ersten Ranges erklärt werden. „Fiat ars – pereat mundus", hieß die Devise:[72] es lebe die Kunst, mag auch die Welt zugrundegehen – l'art pour l'art in höchster Vollendung. Indem der Faschismus der Masse ästhetischen Ausdruck verschafft, verschleiert er, daß er an den bestehenden Eigentumsverhältnissen, also an der faktischen Ungerechtigkeit und Ungleichheit, auch nicht das mindeste zu ändern beabsichtigt. Die auratische Kunst ist der Verfestigung des Bestehenden dienlich, gerade weil sie nicht politisch ist. Sie absorbiert den Betrachter, verlangt von ihm, daß er sich in sie versenke und dabei die Welt Welt sein läßt. Sie fordert seine ganze Aufmerksamkeit und gewährt ihm dafür die Gunst, einzig für ihn da zu sein. Darum ist sie zutiefst asozial.

Statt einer Ästhetisierung der Politik bedarf es darum nach Auffassung Benjamins einer Politisierung der Kunst, welche wiederum die Zerstörung der Aura voraussetzt. Eine von ihrer Aura befreite Kunst hält den Betrachter nicht mehr zur andächtigen Kontemplation an, sondern lenkt ihn gerade von sich ab. Sie zerstreut ihn. Erst die zerstreute Masse ist in der Lage, wie Benjamin schreibt, anstatt sich in das Kunstwerk, das Kunstwerk in sich zu versenken und sich damit aus dessen Bann zu lösen. Das Werk läßt eine ehrfürchtige Haltung erst gar nicht mehr aufkommen, was den Betrachter von vornherein in eine kritische, begutachtende Position versetzt. Genuß und Kritik fallen zusammen. Durch keinerlei persönlichen Kontakt gestört, sieht er gleichsam durch das Werk hindurch auf die reale Welt, die ihm in nie gekannter Weise nahe gebracht wird. Die Bilder verlieren den Schein der Autonomie und werden zu „Beweisstücken im historischen Prozeß".[73]

Die Kameratechnik erlaubt ein tieferes und genaueres Eindringen in die sichtbare Wirklichkeit. Sie zergliedert sie, schneidet einzelne Segmente heraus und setzt sie dann wieder neu zusammen, um so ans Tageslicht zu bringen, was für das unbewehrte Auge ewig unsichtbar bliebe: „Der Maler beobachtet in seiner Arbeit eine natürliche Distanz zum Gegebenen, der Kameramann dagegen dringt tief ins Gewebe der Gegebenheiten ein."[74] Die Kamera fördert gewissermaßen das Optisch-Unbewußte zutage: „Ist es schon üblich, daß einer vom Gang der Leute, sei es auch nur im groben, sich Rechenschaft ablegt, so weiß er bestimmt nichts von ihrer Haltung im Sekundenbruchteil des Ausschreitens. Ist uns schon im groben der Griff geläufig, den wir nach dem Feuerzeug oder dem Löffel tun, so wissen wir doch kaum von dem, was sich zwischen Hand und Metall dabei eigentlich abspielt, geschweige, wie das mit den verschiedenen Verfassungen schwankt, in denen wir uns befinden. Hier greift die Kamera mit ihren Hilfsmitteln, ihrem Stürzen und Steigen, ihrem Unterbrechen und Isolieren, ihrem Dehnen und Raffen des Ablaufs, ihrem Vergrößern und ihrem Verkleinern ein." So zeigt uns die Kamera in gewissem Sinne ein wahreres oder zumindest genaueres Bild der Realität, als wir es sonst gewöhnt sind.

Die fortschrittliche Kunst paßt sich auch da, wo sie sich der traditionellen Formen bedient, der analytischen Methode der Kamera an. So betreiben etwa die Dadaisten eine ähnliche Vernichtung der Aura, wie sie durch die neuen Medien erreicht wird. Sie präsentieren das Gewöhnlichste und Alltäglichste, banale Objekte der realen Welt, Hosenknopf und Busfahrkarte, bauen sie in ihre

Werke ein und hindern so den Betrachter an der rituellen Versenkung. „Es ist unmöglich, vor einem Bilde von Arp oder einem Gedicht August Stramms sich wie vor einem Bilde Darains oder einem Gedicht von Rilke Zeit zur Sammlung und Stellungnahme zu lassen."[75] Das Kunstwerk wird hier gleichsam zum „Geschoß", es stößt dem Betrachter zu, der sich nicht mehr in Ruhe seinem Assoziationsablauf überlassen kann, weil er immer wieder mit Neuem und immer wieder neu mit der Realität konfrontiert wird. Die neue Kunst, so wie Benjamin sie versteht, setzt bewußt auf physische Schockwirkungen, um ihr Ziel zu erreichen, den Betrachter aufzurütteln.

Daß dies keineswegs immer gelingt, sondern die neuen Formen der Kunst, allen voran der Film, von dem sich Benjamin augenscheinlich die Rettung vor der faschistischen Entwirklichung des Lebens versprach, sich mindestens ebenso gut, wenn nicht besser, zur Beruhigung des Betrachters eignen (wie natürlich auch zu seiner Indoktrination, die faschistische nicht ausgenommen), ist eine Erfahrung, die auch Benjamin schon hätte machen können. Warum dies nicht geschah, bleibt merkwürdig.

12. Martin Heidegger

1936, im selben Jahr, in dem Benjamins Aufsatz über *Das Kunstwerk im Zeitalter seiner technischen Reproduzierbarkeit* erschien, hielt Martin Heidegger (1889–1976) drei Vorträge, die später unter dem Titel *Der Ursprung des Kunstwerks* zusammengefaßt wurden. Während es Benjamin darum zu tun war, die Veränderungen der Kunst seit der Jahrhundertwende auf den Begriff zu bringen, fragte Heidegger, dem Anschein nach unbeeindruckt vom Prozeß der Moderne, nach der eigentümlichen, zeitlos gedachten *Seinsweise* von Kunstwerken.

Was also *ist* ein Kunstwerk? Auf sicheren, weil allgemeinen Bahnen scheinen wir uns zu bewegen, wenn wir erst einmal festhalten, daß es sich bei ihm um ein *Ding* handelt. Das Werk kann ja, wie irgend ein beliebiges anderes Ding, an die Wand gehängt, transportiert, ausgestellt und zerstört werden. Auch läßt sich der Eindruck, den es hervorruft, nicht von seiner materiellen Grundlage und damit seiner Dinghaftigkeit trennen: im Schnitzwerk wird das Hölzerne des Holzes, im Bauwerk das Steinerne des Steines mit präsent. Ästhetisch wirkt jedes Werk gerade auch als das Ding, das es ist. Andererseits scheint das Kunstwerk doch auch mehr als nur Ding zu sein, indem es über sich hinaus auf etwas anderes hindeutet und dieses andere mit dem bloß Dinghaften zusammenbringt. Ausgangspunkt bleibt aber das Ding, so daß auf eine Klärung der Frage, was eigentlich das Dinghafte an den Dingen ausmacht, nicht verzichtet werden kann.

Im weitesten Sinne nennen wir „Ding“ alles, was überhaupt in irgendeiner Weise ist, also jedes Seiende. So wäre auch das Kunstwerk zweifelsfrei ein Ding. Wenn aber alles ein Ding ist, hilft uns diese Bestimmung nicht viel weiter. Bei vielen „Dingen“ scheuen wir aber davor zurück, sie als solche zu bezeichnen. Ein Mensch, wird man vielleicht sagen, ist kein Ding. Gewöhnlich gelten uns auch andere Lebewesen nicht als Dinge, sondern nur die leblose Natur, ein unbehauener Granitblock etwa. Wir unterscheiden also im Alltagsverständnis zwischen dinghaftem und nicht dinghaftem Sein. Eine solche Unterscheidung läßt sich aber durch die herkömmlichen Dingbegriffe der philosophischen Tradition nicht begründen. Ob wir nun das Ding als Träger von Merkmalen, als Einheit einer Empfindungsmannigfaltigkeit oder als geformten Stoff begreifen: in allen drei Fällen entgeht uns gerade seine Dinghaftigkeit. Wenn Bestimmungen wie diese überhaupt etwas treffen, sind sie doch ihrer Intention nach zu allgemein, als daß sich mit ihrer Hilfe Dinge noch von anderem Seienden abgrenzen ließen. Doch wird hier, wie Heidegger hervorhebt, der Anspruch auf Allgemeinheit auch zu Unrecht vertreten. Tatsächlich wird ein Begriff aus einem begrenzten Seinsbereich entlehnt, um ihm dann die gesamte übrige Wirklichkeit zu unterwerfen. So leitet sich die geläufige Bestimmung des Dinges als Einheit von Stoff und Form vom *Hergestellten* ab, das nicht einfach nur eine zufallsbestimmte Form besitzt, sondern hinsichtlich der Art und Verteilung des Stoffes ganz von der Form her bestimmt ist, wie diese wiederum vom Zweck, dem das Hergestellte dienen soll. Erst der Zweck fügt Stoff und Form zu einer Einheit zusammen, im Krug, in der Axt oder im Schuh.

Ein Seiendes von solcher Art ist aber nach Heidegger gerade kein Ding. Es ist vielmehr ein *Zeug*, welches in seinem Sein durch den Grundzug der *Dienlichkeit* bestimmt wird. Dieser Zug fehlt bloßen Dingen, die weder für etwas da noch gemacht sind. Man muß sich aller Vorbegriffe enthalten, darf die Dinge zu nichts drängen, um das „Eigenwüchsige" und „Insichruhende" an ihnen,[76] ihr „selbstgenügsames"[77] und „unverstelltes Anwesen"[78] zu erfahren. Anders als die Dinghaftigkeit begegnet die Zeughaftigkeit des Zeugs im Gebrauch: erst wenn ich mit dem Zeug das tue, wozu es gemacht ist, ist es wahrhaft das, was es ist. Doch kann ihm seine Zeughaftigkeit auch angesehen werden, wie Heidegger anhand eines Gemäldes von van Gogh (*Schuhe* von 1886), auf dem ein Paar alter Bauernschuhe abgebildet sind, illustriert: „Aus der dunklen Öffnung des ausgetretenen Inwendigen des Schuhzeuges starrt die Mühsal der Arbeitsschritte. In der derbgediegenen Schwere des Schuhzeugs ist aufgestaut die Zähigkeit des langsamen Ganges durch die weithin gestreckten und immer gleichen Furchen des Ackers, über dem ein rauher Wind steht. Auf dem Leder liegt die Feuchte und Satte des Bodens. Unter den Sohlen schiebt sich hin die Einsamkeit des Feldweges durch den sinkenden Abend. In dem Schuhzeug schwingt der verschwiegene Zuruf der Erde, ihr stilles Verschenken des reifenden Korns und ihr unerklärtes Sichversagen in der öden Brache des winterlichen Feldes."[79]

Im Zeug zeigt sich so scheinbar eine Vielfalt von Bezügen. Scheinbar, denn es steht zu bezweifeln, ob ein reales Paar Schuhe jemals so vielsagend sein könnte wie dasjenige in van Goghs Bild. So läßt sich vermuten, daß es am Ende vielleicht gar nicht das Zeug ist, welches die genannten Bezüge aufscheinen läßt, sondern das Werk. „Das Kunstwerk gab zu wissen, was das Schuhzeug in Wahrheit ist."[80] Ebenso gibt es zu wissen, was das Ding in Wahrheit ist. Erst durch das Werk tritt beides „in die Unverborgenheit seines Seins heraus“.[81]

Damit haben wir neben Ding und Zeug eine dritte Art des Seienden gefunden, die weder das eine noch das andere ist, aber beides erst in seiner Eigenart zum Vorschein bringt: das *Werk*, das sich dadurch auszeichnet, daß es Wahrheit geschehen läßt. Das Wesen der Kunst kann nun bestimmt werden als „das Sich-ins-Werk-Setzen der Wahrheit des Seienden“,[82] wobei Wahrheit (nach dem griechischen *aletheia*) als Unverborgenheit verstanden werden soll. Das Ins-Werk-Setzen der Wahrheit des Werks meint also nicht, daß irgendetwas, sei es ein bestimmtes Ding oder ein allgemeines Wesen, eine Idee oder dergleichen, richtig wiedergegeben wird. Wahrheit meint hier, daß das Werk erstens eine *Welt* errichtet und zweitens die *Erde* lichtet.

Eine Welt errichtet es, indem es „die Einheit jener Bahnen und Bezüge“ in sich versammelt und fügt, „in denen Geburt und Tod, Unheil und Segen, Sieg und Schmach, Ausharren und Verfall die Gestalt und den Lauf des Menschenwesens in seinem Geschick gewinnen.“[83] Das Werk gewährt dem Menschen die Aussicht auf sich selbst, stellt ihn in die Offenheit des Seins zurück, ohne dabei abbildend zu sein. Im Tempel oder im Bildwerk eines Gottes ist Heidegger zufolge der Gott selbst anwesend. In der Tragödie wird nichts aufgeführt, sondern der Kampf der alten mit den neuen Göttern faktisch ausgetragen. Das Wort führt den Kampf und entscheidet, „was heilig ist und was unheilig, was groß und was klein, was wacker und was feig, was edel und was flüchtig, was Herr und was Knecht“.[84]

Unter *Erde* versteht Heidegger das, „worauf und worin der Mensch sein Wohnen gründet“. Wird die Erde gelichtet, tritt der Stoff, der im Zeugsein des Zeugs verschwindet, als das, was er ist, hervor. Das Werk hält die Erde ins Offene einer Welt, bekundet das Massige und Schwere des Steins, das Feste und Biegsame des Holzes. Gerade dies ist aber das wesenhaft Unerschließbare, in dem Sinn, daß das meßbare Gewicht niemals die Schwere erfaßt, sowenig wie die Schwingungszahl des Lichts die Farbe. So streitet im Werk die Öffnung der Welt mit der Verschlossenheit der Erde. Es öffnet sich die Verschlossenheit, aber gerade in ihrer Verschlossenheit. Die Erde zeigt sich *als* Erde, so daß das scheinbar Vertraute in seiner Unvertrautheit offenbar wird: „Das Geheure ist im Grunde nicht geheuer; es ist ungeheuer.“[85] Zur Wahrheit als Unverborgenheit gehört somit wesenhaft die Verweigerung der Öffnung. Die dergestalt ins Werk gesetzte Lichtung des Seins ist nun das, was wir als schön erleben: Schönheit ist „eine Weise, wie Wahrheit west.“[86]

Wie das Werk vom Zeug, so unterscheidet sich auch das *Schaffen* des Werks vom *Herstellen* des Zeugs. Schaffen ist eine Art des Hervorgehenlassens, nämlich der Wahrheit, die sich selbst ins Werk setzt, wenn man ihr die Gelegenheit verschafft. Der Künstler ist nur das Medium dieses Ereignisses, ein „im Schaffen sich selbst vernichtender Durchgang für den Hervorgang des Werkes.“[87] Jedes echte Kunstwerk ist wie ein Stoß des Daß ins Offene, Ungeheure. „Das Ins-Werk-Setzen der Wahrheit stößt das Ungeheure auf und stößt zugleich das Geheure und das, was man dafür hält, um. Die im Werk sich eröffnende Wahrheit ist aus dem Bisherigen nie zu belegen und abzuleiten.“[88] Dieser Stoß wird freilich, da er sich jeder vermeintlichen Kennerschaft entzieht, durch den Kunstbetrieb weitgehend abgefangen. Das ausgestellte, kunstgeschichtlich sortierte Werk ist aus seinen konkreten Bezügen herausgerissen und wird so zum Gegenstand. Es errichtet keine Welt mehr, lichtet keine Erde: das Geschehnis der Wahrheit ist vergangen.

Spätestens hier zeigt sich, daß Heidegger die Kunst aus dem heraus zu verstehen sucht, was Benjamin ihren *Kultwert* nannte. Heidegger spricht zwar nicht von der *Aura*, deren Verlust Benjamin in seinem Aufsatz begrüßt hatte, aber er läßt doch keinen Zweifel daran, daß es eine nichtauratische und damit zur kritischen Distanz einladende Kunst seines Erachtens nicht gibt (und schon gar nicht zu geben braucht). Man könnte sogar so weit gehen zu sagen, daß nach Heidegger die Kunst in dem Augenblick aufhört zu existieren, in dem sie als solche wahrgenommen wird. Wenn „das ekstatische Sicheinlassen des existierenden Menschen in die Unverborgenheit des Seins“[89] der Vergangenheit angehört, gibt es auch keine Kunstwerke mehr.

13. Theodor W. Adorno

„Angesichts dessen, wozu die Realität sich auswuchs, ist das affirmative Wesen der Kunst, ihr unausweichlich, zum Unerträglichen geworden."[90] Die *Ästhetische Theorie* Theodor W. Adornos (1903–1969), die bereits in den fünfziger Jahren begonnen, aber erst ein Jahr nach seinem Tod als umfangreiches Fragment herausgegeben wurde, steht ganz im Zeichen von Auschwitz. Nichts gibt es nach Adorno, das dem Schatten der Massenvernichtungslager entgehen könnte, am allerwenigsten die Kunst. Unmöglich kann sie bleiben, was sie einmal war, vorausgesetzt, daß sie überhaupt bleiben kann. Denn „nach den realen Katastrophen und im Angesicht kommender"[91] hat die Kunst ihre Selbstverständlichkeit eingebüßt; zurecht empfindet sie ein Unbehagen an sich selbst, ahnt die Schuld, die sie durch ihre Fortexistenz auf sich lädt, in einer Welt, die so entsetzlich ist, daß nur völliges Verstummen ihr noch angemessen wäre.

Hörte aber die Kunst auf zu sein, so würde mit ihr auch jeder Widerstand gegen das Bestehende untergehen und damit jede Hoffnung auf eine andere, bessere Realität für immer zunichte werden. Solange das Leben anders ist, als es sein sollte, muß es auch Kunst geben, um das Bewußtsein der Negativität solchen Lebens wachzuhalten, die Erinnerung an das, was noch nicht ist, aber sein könnte, das noch ausstehende Glück. „In jedem genuinen Kunstwerk erscheint etwas, was es nicht gibt."[92] Alle Kunst ist Utopie: sie verweist auf die Vorläufigkeit einer empirischen Realität, in der kein Glück von Dauer ist. So wird sie zum Statthalter unbeschädigten Lebens.

Allerdings darf die Kunst solches Leben nicht positiv zeigen, denn sobald sie dies tut oder auch nur versucht, trägt sie dazu bei, daß schon für wirklich genommen wird, was doch gerade als Nichtseiendes, als noch zu Verwirklichendes, aufgewiesen werden sollte. Anstatt die Empörung gegen das Bestehende zu bewahren, gegen die „Armseligkeit eines Lebens, das immer zu wenig ist",[93] tröstet sie über dessen Mängel hinweg. „In ihrer Wahrheit selbst, der Versöhnung, welche die empirische Realität verweigert, ist sie Komplize der Ideologie, täuscht vor, Versöhnung wäre schon."[94] Als Utopie ist Kunst eine Art Versprechen, daß die Realität einmal so werde wie sie, daß, was nun bloßer Schein ist, einmal wirklich sein werde. Wenn aber dieses Versprechen eine Chance haben soll, jemals in Erfüllung zu gehen – was gänzlich ungewiß ist –, muß es von der Kunst gewissermaßen gebrochen werden. Um das Leiden an der Wirklichkeit und die Sehnsucht nach ihrer Veränderung nicht zu schwächen, darf die Kunst nicht den geringsten Anschein von Versöhnung erwecken. Sie hat zu zeigen, was ist, aber auf eine Weise, daß dessen Falschheit erkennbar wird und damit zugleich das, was sein könnte, aber nicht ist. Darum ist alle echte Kunst traurig, „das Versprechen des Glücks, das gebrochen wird."[95]

Doch ist es schwer genug, der Realität auf Dauer das Einverständnis zu verweigern. Mit Macht und Geschick strebt die Gesellschaft danach, sich die Kunst einzuverleiben, ihr selbst dort, wo sie sich kritisch oder irrational gibt, einen Platz im gut funktionierenden System zuzuweisen und damit ihre mögliche Sprengkraft wirksam zu neutralisieren. Ungeheuer ist der Identitätszwang in der verwalteten Welt, dem Adorno anders als Benjamin nichts Positives abzugewinnen weiß. Um sich der Vereinnahmung zu entziehen, ist die moderne Kunst gezwungen, sich immer wieder neu gegen die Realität abzugrenzen, ihre Differenz zu behaupten. Das kann sie aber nur, wenn sie rigoros die Kommunikation verweigert, die Zumutung des Verstandenwerdens abweist. Sie verschließt sich der Forderung nach Sinn, bricht mit der Ordnung, den Erwartungen, die an sie herangetragen werden, pocht auf ihre Andersheit und bewahrt sich im Widerspruch, in der Dissonanz, im Nichtidentischen und Fragmenthaften. „Die Male der Zerrüttung sind das Echtheitssiegel der Moderne; das, wodurch sie die Geschlossenheit des Immergleichen verzweifelt negiert".[96]

In einer Welt, aus der die Farbe verschwunden ist, kann Kunst nur finster und schwarz sein. Soweit zeitgenössische Kunst noch in farbenfroher Buntheit schwelgt, disqualifiziert sie sich. Mit dem Wahren, Schönen und Guten kann man sich in einer pervertierten Welt nur noch beflecken. Kunst muß häßlich sein, um solche Welt zu denunzieren, zu Ehren der vergewaltigten Schönheit. Dabei darf die Häßlichkeit keineswegs, wie Rosenkranz gemeint hatte, in Humor aufgehoben werden, „der abstoßender ist als alles Abstoßende",[97] eben weil er Versöhnung als vorhanden suggeriert, wo allein das Unversöhnte herrscht. Kunst muß grausam sein, muß Chaos in die Ordnung bringen, um so zu zeigen, wie chaotisch die Ordnung in Wahrheit ist. Kunst muß wehtun, die Unwahrheit des gesellschaftlichen Zustands gegen alle Widerstände und Friedensangebote ans Licht zerren. Geradezu ein Gradmesser für den Wert eines Kunstwerks ist die Wut, die ihm entgegenschlägt.

Wie prototypisch in den literarischen Arbeiten Samuel Becketts, dem Adorno seine *Ästhetische Theorie* widmen wollte, wird allgemein in der modernen Kunst die Sinnlosigkeit zum Formprinzip. So wird sie zum authentischen Spiegel einer sinnlosen Welt, ohne dieser die Ehre unmittelbarer Darstellung und damit eines Bemühens um Verständigung zu erweisen. Kein Gespräch mit dem Feind, heißt die Devise. Die Kunst ignoriert die Welt und ahmt sie zugleich nach. „Neue Kunst ist so abstrakt, wie die Beziehungen der Menschen in Wahrheit es geworden sind."[98] Sie kompromittiert sich nicht mit dem Versuch, das Unabbildbare abzubilden und zieht sich statt dessen ganz auf sich selbst zurück, wird zu einer fensterlosen Monade, einer unzugänglich-verschlossenen Gegenwelt. „Wesentlich an der Kunst ist, was an ihr nicht der Fall ist, inkommensurabel dem empiristischen Maß aller Dinge."[99] Jedes Kunstwerk fragt, wie im Bann universaler Identität ein Nichtidentisches, unter der Herrschaft des gleichmacherischen Allgemeinen ein Besonderes möglich sei. Kein Kunstwerk ist typisch. Indem es sich der Angleichung zu widersetzen sucht und auf seiner irreduziblen Andersheit beharrt, wird es zum einzig noch möglichen Residuum des Humanen in einer inhumanen Zeit und Welt. „Kunstwerke sind die Statthalter der nicht länger vom Tausch verunstalteten Dinge, des nicht durch den Profit und das falsche Bedürfnis der entwürdigten Menschheit Zugerichteten."[100]

Aber auch solch autarkischer Radikalismus bewahrt die Kunst nicht lange vor der Vereinnahmung durch die Gesellschaft. Die allgegenwärtige Kulturindustrie ist wachsam und imstande, noch das widerständigste Werk zu kommerzialisieren, zu verdinglichen und zum Bildungsgut umzumünzen. Schnell wird aus der absoluten Farbkomposition ein Tapetenmuster, das wir unbeschwert als schön genießen. Sobald aber Kunst *genossen* wird, ist es auch schon um sie geschehen. Nur der Banause genießt, und die Kulturindustrie macht uns alle zu

Banausen, indem sie die Kunst zu einem somatischen Stimulans erniedrigt. Anstatt ins Denken zu geraten, werden wir dazu ermutigt, uns unterhalten zu lassen und so unsere Unzufriedenheit mit den gesellschaftlichen Zuständen zu vergessen. Die Ware Kunst zielt auf die aristotelische Katharsis zum Zweck der Ersatzbefriedigung, macht uns vor, alles sei gut, obwohl doch nichts gut ist.

Darum befindet sich die Kunst in einem ununterbrochenen Abwehrkampf gegen die Gesellschaft, die sie bereitwillig in sich aufnimmt, nur um ihr auf diese Weise um so sicherer den Garaus zu machen. Um sich zu bewahren, ist sie gezwungen, sich ständig zu erneuern, sich immer wieder der Aneignung, den Erwartungen zu widersetzen, auch den kategorialen Einteilungen, die für die Kunst von der Ästhetik bereitgehalten werden. Es gibt keine ewigen ästhetischen Normen. Kafka widerlegt die Rede vom interesselosen Wohlgefallen ebensosehr, wie Beckett weder tragisch noch komisch ist, noch irgendetwas dazwischen.

Kunst hat immer, zu jeder Zeit, unverständlich zu sein. Das ist ihr Adel. Allein die Gewohnheit täuscht uns, wenn wir die große Kunst der Vergangenheit heute oft für verständlicher halten als die zeitgenössische. Alle Kunstwerke sind Rätsel, und je tiefer man in sie eindringt, desto rätselhafter werden sie, denn keines gibt die Lösung, die es verspricht. Was sich dem Verstehen restlos fügt, ist keine Kunst, weil diese immer fremd zur Welt ist. Und wahr nimmt sie nur der, der auch etwas von dieser Fremdheit vernimmt. Diese allerdings gibt sich nur der deutenden Vernunft preis. Eben weil Kunst rätselhaft ist, bedarf sie der Interpretation. Die Anschauung allein zeigt niemals, was ein Kunstwerk ist. „Wer nicht weiß, was er sieht oder hört, genießt nicht das Privileg unmittelbaren Verhaltens zu den Werken, sondern ist unfähig, sie wahrzunehmen."[101] Ohne Wissen und kritische Reflexion ist eine genuine ästhetische Erfahrung nicht möglich. Wer etwa in einer Beethoven-Symphonie nicht das Echo der französischen Revolution mithört, dem entgeht sie.

Freilich stößt jedes begreifende Verstehen an eine unaufhebbare Grenze, auf einen Bereich des Unanrührbaren, ein nichts mehr Sagendes, ein letztes Schweigen, in das die flüchtige Schönheit, die Sehnsucht nach Versöhnung, sich zurückgezogen hat.

14. Nelson Goodman

Adorno hatte den utopischen Charakter der Kunst hervorgehoben: die Mangelhaftigkeit der bestehenden Welt sollte sie offenbar machen und so auf die Möglichkeit einer besseren Welt hindeuten, ohne diese allerdings herbeiführen zu können. Die Kunst errichtet keine andere Welt; sie sehnt sich nur nach ihr. Hingegen ist für den amerikanischen Philosophen Nelson Goodman (geb. 1906) die Kunst unmittelbar an der Schöpfung von Welt beteiligt.[102] Es gibt nicht die eine bestehende Welt, die sich dann bestätigen oder verwerfen ließe. Vielmehr wird Welt erst erschaffen durch die Art, wie wir uns ihr zuwenden, sie anschauen, definieren und beschreiben. Und es gibt zahllose Beschreibungsmöglichkeiten von Welt, die sich weder ineinander überführen noch sich in wahre und falsche Versionen klassifizieren lassen. Sie stehen nebeneinander als verschiedene Weisen der Erzeugung von gleichermaßen wirklichen Welten.

Ein besonders vielseitiges Mittel der Welterzeugung ist die Kunst. Jedes Kunstwerk ist ein komplexes Symbol: es ist nicht einfach nur da, sondern bezieht sich auf etwas, allerdings nicht immer auf dieselbe Weise. Eine in der Kunst sehr häufige Art der Symbolisierung oder Bezugnahme ist die *Repräsentation* (Darstellung), die wiederum als besondere Form der *Denotation* (Bezeichnung) zu verstehen ist. Repräsentation hat nichts mit Ähnlichkeit zu tun. Ein Bild kann ein Objekt repräsentieren, ohne ihm im mindesten ähnlich zu sein, wie es ihm umgekehrt auch ähnlich sein kann, ohne es zu repräsentieren.

Zwei Abzüge eines Fotos sind einander ähnlich, repräsentieren sich aber nicht, weil hier nicht eines für das andere steht. Unklar ist aber auch, was es überhaupt heißen soll, daß ein Bild dem von ihm repräsentierten Gegenstand ähnlich sei, da es *den* Gegenstand genauso wenig gibt wie *die* Welt. Es gibt immer nur unterschiedliche Ansichten des Gegenstandes, von denen keine sich als die einzig richtige auszeichnen läßt. Wie sich uns ein Gegenstand zeigt und als was er sich zeigt, hängt immer davon ab, unter welchen Bedingungen wir ihn betrachten. So etwas wie ein unschuldiges Auge gibt es nicht. Die Sinnesorgane dienen uns nicht dazu, eine gegebene Welt aufzunehmen, sondern dazu, sie für uns herzustellen. Bevor wir das haben, was wir gewöhnlich eine Tatsache nennen, müssen Daten gefiltert, unterschieden, klassifiziert und organisiert werden. So ist jede Wahrnehmung und jede vermeintliche Tatsache bereits eine Interpretation. Darum gibt es auch keine realistische Kunst im Sinne einer Kunst, die zeigt, was ist. Was uns als realistisch gilt, ist nur das, was unseren Sehgewohnheiten – die genausogut auch anders sein könnten und zu verschiedenen Zeiten und in anderen Kulturen auch anders sind – am ehesten entspricht. Was gestern noch realistisch zu sein schien, kann heute schon Karikatur sein. Wir können also nicht sagen, daß eine bestimmte Sicht- oder Darstellungsweise *wahrer* sei als eine andere. Die Welten van Goghs und Picassos haben einander nichts voraus; sie sind nur anders.

Von den meisten Bildern läßt sich ohnehin nicht sagen, daß sie eine außer ihnen liegende Realität repräsentieren. Das Bild eines Einhorns denotiert nichts. Es steht zwar für etwas, aber das, wofür es steht, existiert nur als Bild. Aber auch ein Bild, auf dem ein Mann erkennbar ist, muß nicht die Repräsentation eines Mannes sein, denn möglicherweise hat es den Mann, den das Bild zeigt, nie gegeben. Gleichwohl ist es ein Mann-repräsentierendes-Bild, oder kurz: ein Mann-Bild. Umgekehrt kann ein Bild einen Mann repräsentieren, ohne ein Mann-Bild zu sein. So könnte zum Beispiel ein Löwen-Bild einen bestimmten Mann (etwa Heinrich den VIII.) repräsentieren. Es würde ihn dann *als* Löwen repräsentieren. Man muß also den Gegenstand der Repräsentation (das Was) von der Art der Repräsentation (dem als-Was) unterscheiden, wobei gerade die Art das Entscheidende ist. Die Kunst bildet Gegenstände nicht einfach ab, sondern charakterisiert sie als etwas. Sie stellt bislang unbemerkte Beziehungen heraus, wirft einen frischen Blick auf die Welt und entwirft sie so aufs neue.

Nun gibt es auch Kunstwerke, die zu abstrakt sind, um noch irgendetwas zu repräsentieren. Das hindert sie aber nicht daran, weiterhin als Symbole zu fungieren, wenn auch auf andere Weise. Auch wenn sie nichts darstellen, sind sie doch Träger bestimmter Muster der Gestalt, Farbe und Textur. Ein Kunstwerk zeichnet sich dadurch aus, daß es einige dieser Eigenschaften nicht einfach nur *besitzt*, sondern darüber hinaus auch auf sie *hinweist*, indem es sie beispielhaft vorführt. Ein graues Bild ist nicht nur grau, sondern *exemplifiziert* in der Regel auch die Farbe Grau. Es ist ein Beispiel für Grauheit. Für manch andere seiner Eigenschaften ist es hingegen ebensowenig ein Beispiel, wie das Stoffmuster eines Schneiders ein Beispiel für Größe und Form des Stoffes ist. Welche Eigenschaften exemplifiziert werden und welche nicht, ist allerdings nicht immer eindeutig zu sagen und hängt sehr stark vom Kontext ab.

Eine dritte Art symbolischer Bezugnahme ist der *Ausdruck*, der von Goodman als metaphorische Exemplifikation gedeutet wird. Manche Eigenschaften eines Werks sind Beispiele ihrer selbst, ohne etwas auszudrücken; andere stehen für sich und für anderes, wie zum Beispiel ein exemplifiziertes Grau für Traurigkeit. „Nicht jede Exemplifikation ist Ausdruck, aber jeder Ausdruck ist eine Exemplifikation."[103] Repräsentiert werden Objekte und Ereignisse, ausgedrückt hingegen Gefühle und andere Eigenschaften, die sich nicht unmittelbar exemplifizieren lassen. Auch wenn ein Bild nicht auf dieselbe Weise traurig ist, wie es grau ist, so ist Traurigkeit doch eine wirkliche (wenngleich metaphorische) Eigenschaft des Bildes, die in keiner Weise von den Gefühlen des Betrachters abhängt. Wir machen uns nicht in jedem Augenblick eine neue Welt nach unserem Belieben, sondern schließen stets an das an, was wir uns schon (gemeinsam mit anderen) als Welt gebildet haben. „Reden schafft nicht die Welt und auch keine Bilder, aber Sprache und Bilder sind an der Schaffung ihrer selbst und der Welt, wie wir sie kennen, beteiligt."[104]

Um die mannigfaltigen Beziehungen zu entdecken, die ein Kunstwerk mittels Repräsentation, Exemplifikation und Ausdruck herstellt, ist es nicht genug, sich ihm einfach kontemplativ auszusetzen. Kunst muß gelesen und mitunter mühsam entziffert werden. Symbolsysteme und -leistungen müssen identifiziert und interpretiert werden, um so die „Welt von den Werken her" und die „Werke von der Welt her" zu rekonstruieren.[105] Das Wissen des Betrachters geht in die Betrachtung mit ein, verändert und vertieft die Wahrnehmung, betont immer wieder andere Aspekte. „Die ästhetische ‚Einstellung' ist ruhelos, wißbegierig, prüfend – sie ist weniger Einstellung als vielmehr Handlung: Schöpfung und Neuschöpfung."[106] Wenn dabei auch Emotionen erregt werden, so doch niemals als Selbstzweck. Die Gefühle des Rezipienten, seien sie schwach oder stark, negativ oder positiv, dienen in der Kunst immer nur zur Unterstützung der Ausdruckserkenntnis und werden dadurch legitimiert.

Der Zweck der Kunst (wie auch anderer Symbolsysteme) ist die Erkenntnis um ihrer selbst willen, und zwar nicht im Sinne einer Festigung von Überzeugungen, sondern in dem eines zunehmenden Verstehens, eines, das niemals abgeschlossen sein wird, weil es keinen Zielpunkt gibt, dem es sich annähern könnte: „Das Erkennen von Strukturen besteht in hohem Maße darin, sie zu erfinden und aufzuprägen. Begreifen und Schöpfen gehen Hand in Hand."[107] Die Bedeutung eines Kunstwerks bemißt sich an der Feinheit seiner Unterscheidungen und der Angemessenheit seiner Anspielungen, das heißt daran, wieviel es zum „Erfassen, Erkunden und Durchdringen der Welt" beiträgt.[108] Dazu muß es nicht unbedingt wahr sein. Viel wichtiger für die Beurteilung sind Kriterien wie Einheit, Einfachheit, Kraft und Bedeutsamkeit. Die meisten Wahrheiten sind vollkommen uninteressant und belanglos und gelten überdies nur in bestimmten Bezugssystemen. Was in dem einen System wahr oder richtig ist, kann in einem anderen falsch sein, in der Wissenschaft ebenso wie in der Kunst: „eine Komposition, die in Raffaels Welt falsch ist, kann in der Welt von Seurat richtig sein."[109]

Kunst und Wissenschaft sind verschiedene Weisen der Welterzeugung, aber nicht eindeutig voneinander abzugrenzen. Allenfalls Symptome des Ästhetischen lassen sich aufzeigen. Die wichtigsten sind syntaktische Dichte: daß durch minimale Differenzen bereits ein anderes Symbol entsteht; semantische Dichte: daß auch die feinsten Unterschiede von Dingen, Eigenschaften und Emotionen durch ein Symbol erfaßt werden können; syntaktische Völle: daß jede Einzelheit des Symbols signifikant ist; und schließlich Exemplifikation: daß es nicht nur etwas sagt, sondern was es sagt, auch zeigt. Ein Werk, das alle diese Symptome aufweist, ist allerdings nicht ästhetischer und schon gar nicht besser als eines, dem einige davon fehlen. Die Feststellung, daß etwas Kunst sei, sagt nichts darüber aus, ob es auch gute Kunst ist.

Daß die angeführten Symptome des Ästhetischen ausnahmslos Symbolisierungsleistungen benennen, führt dazu, daß ein und dasselbe Werk heute unter den Begriff Kunst fallen kann, zu einem anderen Zeitpunkt aber keine Kunst mehr ist, und zwar, ohne daß es sich verändert hätte. Kunst bringt die vertraute Welt ins Wanken und eröffnet neue Perspektiven, aber was neu ist, kann veralten, einmal aufgezeigte Beziehungen können unsichtbar werden, Bedeutungen verblassen. Die entscheidende Frage ist nicht, was Kunst ist, sondern *wann* sie ist, und sie ist genau dann und nur dann, wenn sie unsere Erkenntnis im oben genannten Sinne erweitert. So kann selbst der verbogene Automobilkotflügel in einer Galerie zu einem Kunstobjekt werden, wenn und solange es ihm gelingt, dem Bekannten neue Einsichten abzugewinnen und so eine neue Welt zu erzeugen.

15. Jean-François Lyotard

Die Vergangenheit ist nicht mehr, die Zukunft noch nicht; die Gegenwart aber, in der wir uns stets befinden, ist nur der ausdehnungslose Umschlagspunkt, in dem Zukunft zur Vergangenheit wird. Wenn es aber zwischen dem Noch-nicht und dem Nicht-mehr keinen Zeitraum gibt, in dem sich etwas ereignen könnte, wie kann dann überhaupt etwas gegenwärtig *sein*? Und doch ist es so. Das Problem der Zeit ist das Problem des Seins. Der Augenblick gleitet ohne Halt an uns vorüber und mit ihm das, was sich in ihm ereignet. Beides entzieht sich dem bewahrenden Zugriff.

Selten nur wird uns das Ungeheuerliche des Umstands bewußt, daß es tatsächlich so etwas gibt wie Gegenwart, ein Jetzt, etwas, daß sich wahrhaftig in diesem Augenblick ereignet. Die Ungeheuerlichkeit besteht nicht etwa darin, daß sich etwas Bestimmtes ereignet, sondern darin, daß sich überhaupt etwas ereignet, daß etwas ist und nicht vielmehr nichts. Unser Verstand faßt immer nur bestimmtes Sein, das Was der Dinge. Er unterscheidet dieses von jenem, ordnet ein, erfaßt Bedeutungen. Alle Bedeutungsgebung aber setzt voraus, daß *es geschieht*, das Ereignis des Daß. Dieses Daß kann der Verstand nicht kontrollieren; es ist ihm schlechthin unbegreiflich.

Das Unbegreifliche fühlbar zu machen ist nach Ansicht des französischen Philosophen Jean-François Lyotard (geb. 1924) die eigentliche Aufgabe der Kunst.[110] Ihr kommt es zu, das Bewußtsein buchstäblich außer Fassung zu bringen, indem sie es plötzlich mit dem Daß der

Dinge konfrontiert, dem nackten, jeder Bestimmung vorausgehenden Sein. Die *Blöße* des Ereignisses kann aber auch in der Kunst nur erfahren werden, wenn und solange wir uns des reflektierenden Denkens enthalten. Denkend wird das Kunst-Ereignis sogleich institutionalisiert und in eine Tradition eingegliedert. Damit wird jedoch das Unbestimmte, Nichtfaßbare des Werks nicht überwunden, sondern lediglich verdrängt. In Erinnerung an das uns schon Bekannte haben wir bei allem, was geschieht, bestimmte Vorstellungen davon, wie es weitergeht. Jeder Pinselstrich zieht einen anderen nach sich, und je mehr Pinselstriche getan sind, desto geringer wird die Zahl der erwartbaren Fortsetzungen. Doch können unsere Erwartungen immer enttäuscht werden. Es bleibt möglich, daß ein anderer, uns nicht vertrauter Weg eingeschlagen wird. In dieser niemals ganz auszuschließenden Möglichkeit des Überraschtwerdens liegt das Ereignis verborgen.

In seiner ganzen Wucht erfahrbar wird das Ereignis aber erst, wenn eine viel grundsätzlichere Erwartung in Frage gestellt wird, nämlich daß es überhaupt irgendwie weitergehen müsse. Es gilt, der Möglichkeit gewahr zu werden, daß auch alles mit einem Mal zuende sein könnte, „daß nichts geschieht, daß es nicht weitergeht, daß die Wörter, die Farben, die Formen oder die Töne fehlen, daß der Satz der letzte sein wird".[111] Erst angesichts der Möglichkeit des Nichtseins tritt das Ereignis in seiner Blöße hervor. Die Bewegung der Zeit gerät dabei ins Stocken, verliert ihre Selbstverständlichkeit. So hat das Ereignis die Form einer Frage oder besser eines Fragezeichens, weil die Frage gar keinen bestimmbaren Inhalt hat. Es ist eine Art banger Erwartung, eine halb angst-, halb lustvolle Spannung: Geschieht es (was auch immer es sei)? Sollte es möglich sein, daß es geschieht?

Und wenn es dann tatsächlich geschieht, ist es, als habe sich die Wirklichkeit noch einmal gegen die Drohung des Nichts behaupten können. „Das Wort, wie ein Blitz in der Dunkelheit oder eine Linie auf einer leeren Fläche, trennt, teilt, begründet einen Unterschied, macht durch diesen Unterschied, so gering er auch sein mag, spürbar und begründet so eine Gefühlswelt. Dieser Beginn ist ein Widerspruch. Er findet in der Welt statt, wie sein ursprünglicher Unterschied, der Beginn seiner Geschichte. Er ist nicht von dieser Welt, weil er sie erzeugt, er kommt aus der Vorgeschichte oder aus einer Geschichtslosigkeit. Dieses Paradox ist das der Performance oder des Ereignisses. Das Ereignis ist der Augenblick, der unvorhersehbar ‚fällt' oder ‚sich ereignet', der aber, ist er erst einmal da, Platz nimmt in dem Raster dessen, was geschehen ist."[112]

Das Hervortreten des Ereignisses, der Gegenwart, des Seins, des Daß, oder wie immer man es bezeichnen will, nennt Lyotard *Präsenz* oder auch das *Erhabene* (le sublime). „Daß hier und jetzt dies Bild ist, und nicht vielmehr nichts, das ist das Erhabene."[113] In der französischen Umgangssprache bezeichnet das Wort ‚erhaben' etwas, das erstaunen macht; in der Ästhetik des 18. Jahrhunderts, bei Edmund Burke und Immanuel Kant, etwas, das zu groß oder zu mächtig ist, um vom Vorstellungsvermögen ganz erfaßt zu werden. Gestützt auf einen 1948 entstandenen Essay des amerikanischen Malers Barnett Newman mit dem Titel *The Sublime is Now* (Das Erhabene ist jetzt) weist Lyotard der Kunst die Bestimmung zu, vom Unausdrückbaren zu künden. „Die Farbe, das Bild ist als Vorkommnis, als Ereignis nicht ausdrückbar, und davon hat sie Zeugnis abzulegen",[114] so wie es exemplarisch Newman in seinen Werken tut. Aus der Nähe betrachtet sind sie schon durch ihre schiere

Größe unüberschaubar, der Betrachter kann die Elemente nicht zu einer einheitlichen Komposition zusammenfügen und ist so außerstande, sich zu orientieren. Jede Interpretation erübrigt sich hier, im Nu ist alles entziffert, was es zu entziffern gibt. Zweck des Werks ist es nur, da zu sein und dieses Dasein auch zu zeigen, im sprachlosen Ah! der Verblüffung.

Um dieses Ziel zu erreichen, braucht die Kunst nichts weniger als Vollkommenheit. Sie muß vielmehr den Horizont des Erwartbaren durchbrechen, die für natürlich und vernünftig gehaltene Syntax erschüttern und auf diese Weise „von der Inkommensurabilität von Denken und wirklicher Welt" zeugen.[115] Jede Geschmacklosigkeit ist besser als Vollkommenheit im Rahmen des Gewohnten. Wie bei Benjamin kommt es vor allem auf den Schock an. Er allein ist unverzichtbar, um dem Ungeheuren und Formlosen Gerechtigkeit widerfahren zu lassen. Um seinetwillen müssen alle für elementar gehaltenen Regeln der Kunst aufgehoben werden. Der Minimalismus ist das hervorstechendste Kennzeichen der modernen Kunst. Durch ihn wird deutlich, daß weder Bildrahmen noch Farbe noch Gegenstand noch ein fester Ort für die ästhetische Wirkung in irgendeiner Weise notwendig sind. Nichts ist elementar, außer der Blöße des Ereignisses selbst, dem sinnlichen Jetzt, das mit dem Zerfall der großen repräsentativen Malerei in der Kunst hervorbricht. Kunstwerke sind Versuche, das Nichtdarstellbare darzustellen, „stammelnde Mikrologien, die einander außer Atem bringen".[116] Sie betreiben Erinnerungsarbeit, indem sie das ständig Vergessene für einen Augenblick vor das Bewußtsein bringen. Darin berührt sich die Kunst mit der ethischen Praxis, deren Aufgabe es ebenfalls ist, dem Stimmlosen eine Stimme zu geben und der unvermeidlichen Schuld des Vergessens entgegenzuwirken.

„Angespornt durch die Ästhetik des Erhabenen, können und müssen die Künste, welches auch immer ihre Materialien sind, auf der Suche nach intensiven Wirkungen von der Nachahmung lediglich schöner Vorbilder absehen und sich an überraschenden, ungewöhnlichen und schockierenden Kombinationen versuchen. Und der Schock par excellence ist, daß *es geschieht*, daß etwas geschieht und nicht nichts, daß die Beraubung suspendiert ist."[117] Die Kunst spricht von der schrecklichen Möglichkeit der Beraubung und setzt sie zugleich außer Kraft: die Beraubung des Lichts, des Nächsten, der Sprache, der Gegenstände, des Lebens; der Schrecken der Finsternis, der Einsamkeit, des Schweigens, der Leere, des Todes. „Was schreckt, ist, daß das *Es geschieht* – nicht geschieht, daß es zu geschehen aufhört."[118] Lust entsteht aus der Erleichterung, daß die Drohung – für diesmal – nicht wahr wurde, daß etwas ist, obwohl es doch auch genauso gut hätte nicht sein können. Das Gefühls- und Begriffsvermögen wird intensiviert, die Seele gleichsam dem Leben zurückgegeben.

Diese Steigerung des eigenen Lebensgefühls hat nichts mit dem Reiz des Neuen zu tun. Ereignis darf nicht mit Innovation verwechselt werden. Die Innovation, das Neue, das der Markt uns ständig anbietet, ist nur der gut verkäufliche Ersatz für fehlende Ereignisse. Eben weil sich nichts mehr ereignet, wird das Neue, das so tut, als sei es ein Ereignis, dankbar aufgenommen. Es ist um so rentabler, als das Neue in seiner Ereignislosigkeit immer enttäuschen muß und so das Verlangen nach einem anderen, einem neuen Neuen wachhält. Die ununterbrochene Kette von Innovationen schafft darüber hinaus eine Kontinuität, die glauben macht, daß es immer weitergeht. Das Ereignis aber unterbricht, es ist „eine Art Loch, eine Bresche im Gegebenen selbst."[119] Es läßt etwas fühlen, legt Zeugnis ab von sich selbst, seiner Präsenz. Es reißt den Betrachter aus dem Fluß der Zeit heraus, hinein in das Jetzt, das Sein des Augenblicks.

16. Arthur C. Danto

1964 stellte Andy Warhol in der New Yorker Stable Gallery eine Reihe von bedruckten Holzkisten aus, die mehr oder weniger genauso aussahen wie Kartons mit Topfreinigern der Marke Brillo, die man in jedem Supermarkt kaufen konnte. Dennoch sollten Warhols *Brillo Boxes* Kunstwerke sein, ihre Gegenstücke in den Läden hingegen nicht, so daß sich die Frage stellt, worin denn der entscheidende Unterschied bestand. Daß Warhols Kisten aus Holz, die anderen aus Pappe waren, konnte kaum von Belang sein. Es hätte auch umgekehrt sein können. Selbst wenn Warhol die Original-Kartons genommen hätte, um sie in der Gallerie auszustellen, wären doch die Kartons in der Gallerie Kunst gewesen und alle anderen nicht.

Für den amerikanischen Philosophen Arthur C. Danto (geb. 1924) war Warhols Ausstellung ein Schlüsselerlebnis, geeignet, die gesamte Kunsttheorie zu revolutionieren:[120] Warhol und andere Pop-Art-Künstler hatten gezeigt, daß von zwei Gegenständen, die genau gleich aussahen, eines ein Kunstwerk und das andere keines sein konnte. Darüber hinaus schien plötzlich jeder beliebige Alltagsgegenstand, und zwar unabhängig von seiner materialen Beschaffenheit und ästhetischen Qualität, kunstfähig zu sein. Schon fünfzig Jahre früher hatte Marcel Duchamp mit seinen Ready-Mades Alltagsgegenstände zur Kunst erklärt, damit aber nur die Aufmerksamkeit des Betrachters auf Eigenschaften des Gegenstandes gelenkt, die schon vorher da waren, aber gemeinhin übersehen wurden. Duchamp öffnete die Augen für die eigentümliche Schönheit, die auch etwas so Gewöhnliches wie ein Flaschentrockner und ein Urinal besitzen, wenn man sie nur als Dinge und in Absehung von jeder Zweckbestimmung betrachtet. Warhols *Brillo Boxes* aber waren nicht schöner als irgendetwas anderes. Mit ihnen hatte sich die Kunst auch von den letzten gegenständlichen Beschränkungen befreit. Es begann die „posthistorische Periode der Malerei“:[121] Zum ersten Mal in der Geschichte der Kunst war alles möglich, konnte schlechthin alles Kunst sein.

Daraus folgt aber nach Danto nicht, daß auch alles Kunst *war*, und auch nicht, daß alles Kunst werden konnte, sofern man es nur dazu erklärte. Meine Schreibtischlampe wird nicht schon dadurch zum Kunstwerk, daß ich behaupte, sie sei eines, selbst dann nicht, wenn ich ein anerkannter Künstler wäre. Dazu müßte ich auch erklären können, was gerade sie zum Kunstwerk macht, und das heißt nichts anderes als zu erklären, *worüber* sie ist. Genau hierin besteht nämlich der Unterschied zwischem einem Kunstwerk und einem gewöhnlichen Ding. Wie Wörter oder Sätze ist Kunst immer über etwas, während gewöhnliche Dinge niemals über etwas sind. Ihnen fehlt der Bezug, das Über-etwas-sein *(aboutness).* Die Topfreiniger-Kartons im Supermarkt sind über nichts, Warhols *Brillo Boxes* hingegen sind über die Welt, in der wir leben, über uns selbst und unsere Wahrnehmung dieser Welt.

Nicht immer kann man einem Ding ansehen, ob es über etwas ist oder nicht, sowenig wie einer Körperbewegung immer anzusehen ist, ob sie unwillkürlich (als bloßer Reflex) geschieht oder willentlich als Handlung ausgeführt wird. Gleichwohl besteht ein Unterschied: eine Reflexbewegung ist keine Handlung und ein bloßes

Ding kein Kunstwerk. Doch muß man zuweilen um den Bezug wissen, in den ein Gegenstand vom Künstler hineingestellt wird, um ihn als Kunstwerk identifizieren zu können. Von drei äußerlich nicht zu unterscheidenden roten Quadraten kann das erste ein Kunstwerk sein, das zweite keines und das dritte zwar ein Kunstwerk, aber ein ganz anderes als das erste. Welches von ihnen ein Kunstwerk ist, kann ich nicht dadurch ergründen, daß ich auf meine Reaktionen beim Betrachten achte, denn unterschiedlich empfinden werde ich die drei Quadrate erst dann können, wenn ich weiß, welches von ihnen ein Kunstwerk ist und aus welchen Gründen.

Ein Kunstwerk hat Eigenschaften, die ein gewöhnlicher materieller Gegenstand nicht hat, jedoch unsichtbare. Wenn ich weiß, worüber es ist, verändert sich vielleicht meine Wahrnehmung, aber nicht derart, daß ich nun etwas sehe, was mir vorher entging. Wenn ich etwas anderes sehe, dann deshalb, weil an die Stelle eines bloßen Dinges ein Kunstwerk getreten ist. Das Ding wird zur Kunst durch die Möglichkeit seiner Interpretation. Läßt etwas keine Interpretation zu oder bedarf es ihrer nicht, kann es sich nicht um Kunst handeln. Die Wirkung der Kunst beruht also nicht – wie Lyotard annimmt – auf so etwas wie einem unvermittelten, gedankenfreien Stoß. Danto zufolge macht erst die Interpretation ein Werk zu dem, was es ist, wobei sich nicht jedes Ding für jede beliebige Interpretation eignet. Interpretieren bedeutet, die Beziehung zwischen dem Werk und seinem materiellen Substrat aufzuzeigen, und das wiederum setzt voraus, daß es eine solche Beziehung gibt.

Einen wichtigen Anhaltspunkt für die Deutung geben oft die Titel der Werke. Breughels Gemälde *Sturz des Ikarus* hätte einen ganz anderen Sinn, wenn es anders (oder gar nicht) hieße. Erst der Titel zeigt hier dem Betrachter an, worauf er zu achten hat, nämlich auf die ansonsten kaum bemerkbaren, aus dem Wasser heraussstehenden Beine, die nun auf einmal (nämlich als die des gestürzten Ikarus) zum Brennpunkt der Betrachtung werden. Die eine zusätzliche Information verändert alles: „Das Ganze bewegt sich auf einmal.“[122] Der Umschwung gleicht einer kopernikanischen Revolution: der Gegenstand bleibt scheinbar unverändert, und doch sieht alles ganz anders aus. Die Welt hat ein neues Gesicht bekommen.

Selbst wenn Künstler ihren Werken einen Titel verweigern, ist doch auch die Weigerung ein Wegweiser der Interpretation. Sie erfolgt zu einem bestimmten Zeitpunkt in einer bestimmten kulturellen Situation und erhält dadurch einen Sinn, der zum Verständnis des Werks beiträgt. Ein Künstler, der erklärt, daß sein Werk nichts bedeute, sondern nur *sei*, behauptet damit zwar dessen Identität mit dem materiellen Gegenstand, gibt aber gerade dadurch seinem Werk eine künstlerische Aussage, die es bereits über die bloße Gegenständlichkeit hinaushebt. Die Erklärung des Künstlers macht klar, daß das betreffende Werk *über* das Verhältnis von Kunst und materiellem Gegenstand ist, daß es eine bestimmte Theorie zum Ausdruck bringt und andere, davon abweichende Theorien zurückweist. Es nimmt also einen Ort im ästhetischen Diskurs seiner Zeit ein. „Etwas überhaupt als Kunst zu sehen, verlangt nichts weniger als das: eine Atmosphäre der Kunsttheorie, eine Kenntnis der Kunstgeschichte. Kunst ist eine Sache, deren Existenz von Theorien abhängig ist“.[123]

So ist es auch für die Einschätzung eines Werkes von entscheidender Bedeutung, wann und wo es entstanden ist, in welcher Situation, unter welchen historischen Umständen. Wäre Rembrandts *Nachtwache* nicht 1642, sondern 1934 gemalt worden, müßte sie auf andere Weise interpretiert werden und wäre infolgedessen auch ein ganz anderes Werk. Ein Gemälde von 1934 kann einfach nicht über das gleiche sein wie eines von 1642, egal wie es aussieht. Ebenso macht es einen Unterschied, ob eine blau bemalte Krawatte von Picasso oder einem Kind stammt, weil Picassos Arbeit im Wissen um die bisherige Entwicklung der Kunst entstanden wäre, die des Kindes hingegen nicht.

Da sich der Kontext, in dem ein Werk entstanden ist, nicht von ihm trennen läßt, ohne ihm seine künstlerische Identität zu rauben, setzt ein angemessenes Verständnis seiner Bedeutung ein Vertrautsein mit diesem Kontext voraus. Kunstwerke haben die Kraft eines Textes, sofern man sie zu lesen versteht. Wie Worte sind sie nur verständlich, wenn man die Sprache beherrscht, der sie angehören, und das kennt, was sie bezeichnen. Außerhalb des entsprechenden Bezugsrahmens hört das Wort auf, Wort zu sein. Es wird zu einem bloßen, bedeutungslosen Laut. Wenn der Blick eines klugen Tieres auf ein Bild fällt, vermag es vielleicht einen darauf abgebildeten Gegenstand zu erkennen, aber es liest nicht den Text, den das Bild schreibt, weil es nicht die Geschichte kennt, die diesem erst seinen spezifischen Sinn verleiht. Es sieht den Gegenstand, aber nicht das Kunstwerk.

Ob ein Gegenstand ein Kunstwerk ist oder nicht, hängt also nicht von seiner materialen Beschaffenheit ab, sondern von seiner Aussagefahigkeit. Die Reißnagel an meiner Wand mögen nützlich sein, sogar schön, aber sie sind nicht dort, um etwas zu bedeuten, und so bedeuten sie auch nichts. Dennoch mag „ein Werk, dessen materielles Gegenstück aus drei Reißnägeln besteht, (...) Abgründe von Bedeutungen haben, auf die ein kosmisch-religiöses Schaudern die angemessene ästhetische Reaktion sein könnte."[124] Auf diese Weise geht Kunst, so wie Hegel es vorausgesehen hat, in Philosophie über, läßt sich aber gleichwohl nicht durch sie ersetzen. Die begriffliche Interpretation ist zwar notwendig, um ein Kunstwerk überhaupt als solches verstehen zu können, sie kann aber nicht an seine Stelle treten, weil das Werk die Struktur einer Metapher hat. Wie sprachliche Metaphern sind Kunstwerke intensional, was bedeutet, daß sie sich nicht durch Termini gleichen Bedeutungsumfangs ersetzen lassen. Romeo kann zu Julia sagen, daß sie die Sonne sei, aber nicht, sie sei der Körper aus heißen Gasen im Zentrum des Sonnensystems, obwohl beide Ausdrükke scheinbar auf den gleichen Gegenstand Bezug nehmen. Die Beschreibung einer Metapher hat nicht einmal annähernd dieselbe Kraft wie die Metapher selbst, „ebenso wie die Beschreibung eines Angstschreies nicht dieselben Reaktionen auslöst wie der Angstschrei selbst."[125] Um das Werk zu verstehen, muß man die Metapher verstehen, auf der es beruht, also nicht nur die Bedeutung, sondern auch die Gründe, warum sie gerade auf diese und keine andere Weise zu verkörpern war.

Anmerkungen

1 Symposion 211 d.
2 Sophistes 219 a.
3 Z. B. Philebos 64 e.
4 Phaidros 250 d.
5 Symposion 210 e–211 c.
6 Poetik. Gr./dt., übersetzt und herausgegeben von Manfred Fuhrmann, Stuttgart 1982.
7 Poetik 9.
8 Poetik 6.
9 Pseudo-Dionysios, Die Namen Gottes. Übertragen von Walter Tritsch, München 1956, 697 c.
10 Entsprechende Texte finden sich in: Wladyslaw Tatarkiewicz, Geschichte der Ästhetik, Bd. 2: Die Ästhetik des Mittelalters, Basel/Stuttgart 1980. Vgl. auch Wilhelm Perpeet, Ästhetik im Mittelalter, Freiburg/München 1977.
11 Johannes Scotus Eriugena, Super ierarchiam coelestam Sancti Dionysii I, I.
12 Hans Sedlmayr, Die Entstehung der Kathedrale, Zürich 1950.
13 Vgl. hierzu: Wladyslaw Tatarkiewicz, Geschichte der Ästhetik, Bd. 3: Die Ästhetik der Neuzeit, Basel/Stuttgart 1987.
14 Leonardo da Vinci, Philosophische Tagebücher, Hamburg 1958; Leon Battista Alberti, Zehn Bücher über die Baukunst, deutsch von M. Theuer, Wien 1912.
15 Leonardo da Vinci, Philosophische Tagebücher, S. 85 f.
16 Ebd., S. 15.
17 Immanuel Kant, Kritik der Urteilskraft, hg. v. Wilhelm Weischedel (Werkausgabe Bd. 10), Frankfurt am Main 1974.
18 Ebd., § 9.
19 Ebd., § 46.
20 Ebd., § 57, Anm. 1.
21 Friedrich Schiller, Sämtliche Werke in fünf Bänden, hg. v. Gerhard Fricke und Herbert G. Göpfert, Bd. 5, 7. Aufl. München 1984, S. 570–669.

22 Ebd., S. 579.
23 Ebd., S. 577f.
24 Ebd., S. 596.
25 Ebd., S. 612.
26 Ebd., S. 613.
27 Ebd.
28 Ebd., S. 618.
29 Ebd., S. 667.
30 Arthur Schopenhauers Werke in fünf Bänden. Nach den Ausgaben letzter Hand herausgegeben von Ludger Lütkehaus, Bd. 1, Zürich 1988, S. 252 (§ 36).
31 Ebd., S. 244 (§ 34).
32 Ebd., S. 255 (§ 36).
33 Ebd., S. 251 (§ 36).
34 Ebd., S. 330f. (§ 51).
35 Ebd., S. 351 (§ 51).
36 Alexander Gottlieb Baumgarten, Theoretische Ästhetik. Die grundlegenden Abschnitte der ‚Aesthetica'. Hg. u. übersetzt v. Hans Rudolf Schweizer, 2. Aufl. Hamburg 1988.
37 Georg Friedrich Wilhelm Hegel, Vorlesungen über die Ästhetik I, Werke 13, Frankfurt am Main 1970, S. 151.
38 Ebd., S. 22.
39 Ebd., S. 23.
40 Ebd., S. 164.
41 Ebd., S. 202.
42 Ebd., S. 13.
43 Ebd., S. 37.
44 Ebd., S. 203.
45 Ebd., S. 52.
46 Ebd., S. 234.
47 Ebd., S. 215.
48 Ebd., S. 206.
49 Ebd., S. 208.
50 Ebd., S. 142.
51 Karl Rosenkranz, Ästhetik des Häßlichen, hg. und mit einem Nachwort von Dieter Kliche, Leipzig 1990, S. 9.
52 Ebd., S. 11.
53 Ebd., S. 37.
54 Ebd., S. 323.
55 Ebd., S. 38.
56 Ebd., S. 15.

57 Ebd., S. 14.
58 Ebd., S. 63f.
59 Ebd., S. 102.
60 Ebd., S. 14.
61 Benedetto Croce, Gesammelte philosophische Schriften in deutscher Übertragung, hg. v. Hans Feist, Erste Reihe, Erster Band: Aesthetik als Wissenschaft vom Ausdruck und Allgemeine Sprachwissenschaft, Tübingen 1930, S. 4f.
62 Ebd., S. 7.
63 Ebd., S. 12.
64 Ebd., S. 15f.
65 Ebd., S. 17.
66 Ebd., S. 84.
67 Ebd., S. 89.
68 Ebd., S. 18.
69 Ebd., S. 18.
70 Walter Benjamin, Das Kunstwerk im Zeitalter seiner technischen Reproduzierbarkeit. Drei Studien zur Kunstsoziologie, Frankfurt am Main 1963, S. 13.
71 Ebd., S. 23.
72 Ebd., S. 51.
73 Ebd., S. 24.
74 Ebd., S. 36.
75 Ebd., S. 43.
76 Martin Heidegger, Der Ursprung des Kunstwerks, in: ders., Holzwege, 3. Aufl. Frankfurt am Main 1957, S. 14.
77 Ebd., S. 18.
78 Ebd., S. 15.
79 Ebd., S. 22f.
80 Ebd., S. 24.
81 Ebd., S. 25.
82 Ebd., S. 25.
83 Ebd., S. 31.
84 Ebd., S. 32.
85 Ebd., S. 43.
86 Ebd., S. 44.
87 Ebd., S. 29.
88 Ebd., S. 62.
89 Ebd., S. 55.
90 Theodor W. Adorno, Ästhetische Theorie, Frankfurt am Main 1973, S. 10.

91 Ebd., S. 503.
92 Ebd., S. 127.
93 Ebd., S. 28.
94 Ebd., S. 203.
95 Ebd., S. 205.
96 Ebd., S. 41.
97 Ebd. S. 79.
98 Ebd., S. 53.
99 Ebd., S. 499.
100 Ebd., S. 337.
101 Ebd., S. 502.
102 Nelson Goodman, Sprachen der Kunst. Ein Ansatz zu einer Symboltheorie (1968), Frankfurt am Main 1973; Weisen der Welterzeugung (1978), Frankfurt am Main 1984.
103 Sprachen der Kunst, S. 62.
104 Ebd., S. 98.
105 Ebd., S. 242.
106 Ebd., S. 242f.
107 Weisen der Welterzeugung, S. 37.
108 Sprachen der Kunst, S. 259.
109 Weisen der Welterzeugung, S. 169.
110 Lyotard hat seine Ästhetik in verschiedenen Schriften entwikkelt, die wichtigsten sind die beiden Aufsätze namens „Das Erhabene und die Avantgarde" (in: Jacques Le Rider/Gérard Raulet (Hg.), Verabschiedung der (Post-) Moderne?, Tübingen 1987, S. 251–269), sowie „Der Augenblick, Newman", in: Jean-François Lyotard, Philosophie und Malerei im Zeitalter ihres Experimentierens, Berlin 1986, S. 7–23.
111 Das Erhabene und die Avantgarde, S. 253.
112 Der Augenblick, Newman, S. 12 f.
113 Das Erhabene und die Avantgarde, S. 255.
114 Ebd., S. 254.
115 Ebd., S. 257.
116 Philosophie und Malerei im Zeitalter ihres Experimentierens, S. 72.
117 Das Erhabene und die Avantgarde, S. 261.
118 Ebd., S. 261.
119 Das Undarstellbare – wider das Vergessen. Ein Gespräch zwischen Jean-François Lyotard und Christine Pries, S. 321, in: Christine Pries (Hg.), Das Erhabene, Weinheim 1989, S. 319–347.

120 Die Verklärung des Gewöhnlichen, Frankfurt am Main 1984; Die philosophische Entmündigung der Kunst, München 1993; Reiz und Reflektion, München 1994; Kunst nach dem Ende der Kunst, München 1996.
121 Kunst nach dem Ende der Kunst, München 1996, S. 22.
122 Die Verklärung des Gewöhnlichen, S. 184.
123 Ebd., S. 207.
124 Ebd., S. 164.
125 Ebd., S. 264.

beck

beck'sche reihe denker Herausgegeben von Otfried Höffe

Theodor W. Adorno, von Rolf Wiggershaus (bsr 510)
Antike Skeptiker, von Friedo Ricken (bsr 526)
Hannah Arendt, von Hauke Brunkhorst (bsr 548)
Aristoteles, von Otfried Höffe (bsr 535)
Augustinus, von Christoph Horn (bsr 531)
Avicenna, von Gotthard Strohmaier (bsr 546)
Francis Bacon, von Wolfgang Krohn (bsr 509)
George Berkeley, von Arend Kulenkampff (bsr 511)
Giordano Bruno, von Paul Richard Blum (bsr 551)
Rudolf Carnap, von Thomas Mormann (bsr 554)
Ernst Cassirer, von Andreas Graeser (bsr 527)
Nicolaus Cusanus, von Kurt Flasch (bsr 562)
Jacques Derrida, von Uwe Dreisholtkamp (bsr 550)
René Descartes, von Dominik Perler (bsr 542)
Epikur, von Malte Hossenfelder (bsr 520)
Johann Gottlieb Fichte, von Peter Rohs (bsr 521)
Michel Foucault, von Urs Marti (bsr 513)
Gottlob Frege, von Verena Mayer (bsr 534)
Hans-Georg Gadamer, von Kai Hammermeister (bsr 552)
Galileo Galilei, von Klaus Fischer (bsr 504)
Max Horkheimer, von Zvi Rosen (bsr 528)
Wilhelm von Humboldt, von Tilman Borsche (bsr 519)
David Hume, von Jens Kulenkampff (bsr 517)
Indische Denker, von Kuno Lorenz (bsr 545)
Karl Jaspers, von Kurt Salamun (bsr 508)
Immanuel Kant, von Otfried Höffe (bsr 506)
Søren Kierkegaard, von Annemarie Pieper (bsr 556)
Konfuzius, von Heiner Roetz (bsr 529)
Nikolaus Kopernikus, von Martin Carrier (bsr 558)
Gottfried Wilhelm Leibniz, von Michael-Thomas Liske (bsr 555)
John Locke, von Rainer Specht (bsr 518)

beck'sche reihe denker Herausgegeben von Otfried Höffe

Niklas Luhmann, von Detlef Horster (bsr 538)
Niccolò Machiavelli, von Wolfgang Kersting (bsr 515)
Karl Marx, von Walter Euchner (bsr 505)
John Stuart Mill, von Peter Rinderle (bsr 557)
Isaac Newton, von Ivo Schneider (bsr 514)
Friedrich Nietzsche, von Volker Gerhardt (bsr 522)
Wilhelm von Ockham, von Jan P. Beckmann (bsr 533)
Willard Van Orman Quine, von Henri Lauener (bsr 503)
Blaise Pascal, von Wilhelm Schmidt-Biggemann (bsr 553)
Charles Sanders Peirce, von Klaus Oehler (bsr 523)
Jean Piaget, von Thomas Kesselring (bsr 512)
Karl R. Popper, von Lothar Schäfer (bsr 516)
Karl Rahner, von Albert Raffelt/Hansjürgen Verweyen (bsr 541)
John Rawls, von Thomas W. Pogge (bsr 525)
Jean-Jacques Rousseau, von Dieter Sturma (bsr 549)
Max Scheler, von Wolfhart Henckmann (bsr 543)
F. W. J. Schelling, von Hans Michael Baumgartner/Harald Korten (bsr 536)
Friedrich Schleiermacher, von Hermann Fischer (bsr 563)
Arthur Schopenhauer, von Klaus-Jürgen Grün (bsr 559)
Adam Smith, von Karl Graf Ballestrem (bsr 561)
Sokrates, von Günter Figal (bsr 530)
Baruch de Spinoza, von Wolfgang Bartuschat (bsr 537)
Paul Tillich, von Werner Schüßler (bsr 540)
Vorsokratiker, von Christof Rapp (bsr 539)
Max Weber, von Gregor Schöllgen (bsr 544)
Alfred North Whitehead, von Michael Hampe (bsr 547)
Ludwig Wittgenstein, von Wilhelm Vossenkuhl (bsr 532)

Verlag C.H. Beck München

Michael Hauskeller bei C.H.Beck

Versuch über die Grundlagen der Moral

2001. 327 Seiten. Leinen

Während es der traditionellen Moralphilosophie um die Bestimmung und Begründung des moralisch Richtigen zu tun ist, also um die Beantwortung der Frage, was wir tun sollen und warum wir es tun sollen, hat der vorliegende Versuch über die Grundlagen der Moral ein anderes Ziel. Ausgehend von vorliegenden moralischen Intuitionen wird untersucht, was genau es ist, das uns so denken, empfinden und handeln läßt, wie wir es tun oder doch zumindest zu tun wünschen, und warum es Menschen gibt, die unsere Haltung nicht teilen.

Vom Jammer des Lebens

Einführung in Schopenhauers Ethik
1998. 135 Seiten. Paperback
Beck'sche Reihe Band 1274

Der Ausgangspunkt von Schopenhauers Philosophie ist die Erfahrung des Leidens. Dem großen metaphysischen Entwurf – *Die Welt als Wille und Vorstellung* – liegt ein moralisches Anliegen zugrunde: Es ist der miserable Zustand der Welt, der „Jammer des Lebens“, der nach einer Erklärung verlangt. Michael Hauskeller zeigt in seiner kritischen Rekonstruktion von Schopenhauers Philosophie, wie sich die von Schopenhauer entwickelte Ethik noch für die gegenwärtige Ethik-Diskussion fruchtbar machen läßt. Der vorliegende Essay wurde 1997 mit dem *Schopenhauer-Preis Arthur Hübscher* ausgezeichnet.